Institution
Des

Mmes PUJOL,

Succ.rs de Mmes Munille Fouvenel,

Rue des Batailles, N.º 16.

Quartier des Champs Élysées

1.er PRIX

De *Dessin*

obtenu par

Melle **Louise Ducalet.**

Classe 1.re Division.

Le 24 Août 1842.

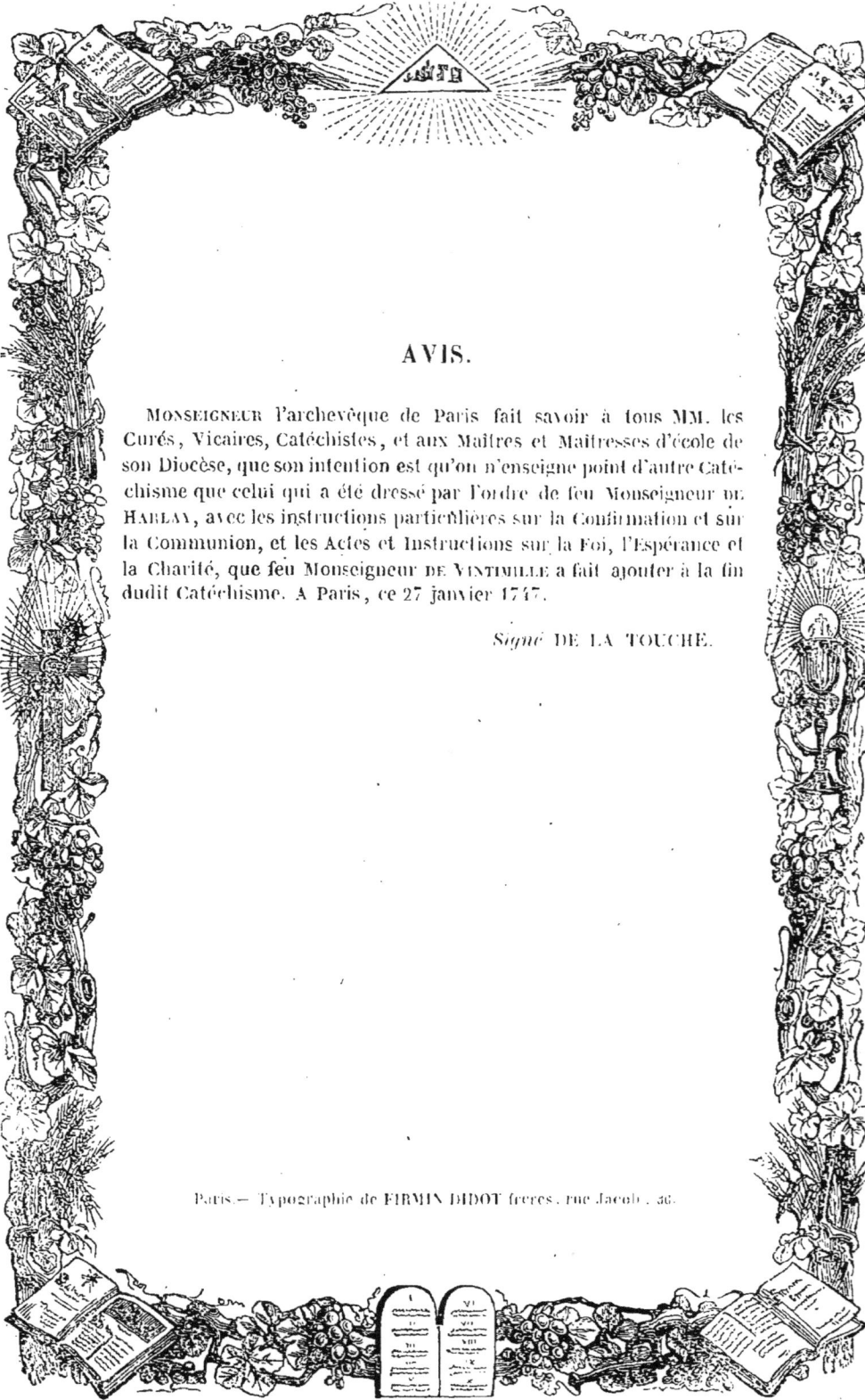

AVIS.

MONSEIGNEUR l'archevêque de Paris fait savoir à tous MM. les Curés, Vicaires, Catéchistes, et aux Maîtres et Maîtresses d'école de son Diocèse, que son intention est qu'on n'enseigne point d'autre Catéchisme que celui qui a été dressé par l'ordre de feu Monseigneur DE HARLAY, avec les instructions particulières sur la Confirmation et sur la Communion, et les Actes et Instructions sur la Foi, l'Espérance et la Charité, que feu Monseigneur DE VINTIMILLE a fait ajouter à la fin dudit Catéchisme. A Paris, ce 27 janvier 1747.

Signé DE LA TOUCHE.

Paris. — Typographie de FIRMIN DIDOT frères, rue Jacob, 56.

CATÉCHISME

OU

ABRÉGÉ DE LA FOI,

DRESSÉ PAR L'ORDRE DE MONSEIGNEUR

FRANÇOIS DE HARLAY,

ET APPROUVÉ PAR MONSEIGNEUR

CHRISTOPHE DE BEAUMONT,

ARCHEVÊQUE DE PARIS,

pour être seul employé dans ce diocèse ;

Avec des instructions pour la confirmation et la communion, et les actes et
instructions sur la foi, l'espérance et la charité, suivi de la doctrine
chrétienne, de la messe et des vêpres.

ILLUSTRÉ PAR M⁽ᵉ⁾ ÉLISE BOULANGER.

PARIS,

CHEZ FIRMIN DIDOT FRÈRES, ÉDITEURS,
RUE JACOB, 56.
ET CHEZ TOUS LES PRINCIPAUX LIBRAIRES.

1842.

lu.

CATÉCHISME

ou

ABRÉGÉ DE LA FOI,

DRESSÉ PAR ORDRE DE FEU MONSEIGNEUR

L'ARCHEVÊQUE DE PARIS,

FRANÇOIS DE HARLAY.

CHAPITRE PREMIER.

De Dieu.

QU'EST-CE *que Dieu?*

Dieu est un esprit éternel, indépendant, immuable et infini, qui est présent partout, qui voit tout, qui peut tout, qui a créé toutes choses et qui les gouverne toutes.

Pourquoi dites-vous qu'il est un esprit?

Dieu est un esprit, parce que c'est une intelligence souveraine, qui n'a ni corps, ni figure, ni couleur, et qui ne peut tomber sous les sens.

I

Pourquoi éternel?

Dieu est éternel, parce qu'il n'a point eu de commencement, et qu'il n'aura jamais de fin.

Pourquoi indépendant?

Dieu est indépendant, parce qu'il ne tient l'être que de lui-même, et qu'il ne peut dépendre d'aucune chose.

Pourquoi immuable?

Dieu est immuable, parce qu'il n'est sujet à aucun changement.

Pourquoi infini?

Dieu est infini, parce que son essence et ses perfections n'ont point de bornes.

Pourquoi présent partout?

Dieu est présent partout, parce qu'il est au ciel, en la terre, et en tous lieux par son immensité.

Pourquoi dites-vous qu'il voit tout?

Dieu voit tout, parce que rien ne lui peut être caché, et qu'il connaît tout jusqu'aux plus secrètes pensées de nos cœurs.

Pourquoi dites-vous qu'il peut tout?

Dieu peut tout, parce que rien n'est impossible à sa puissance.

Que veut dire qu'il a créé toutes choses?

Dieu a créé toutes choses, parce qu'il a fait de rien le ciel et la terre, et toutes les autres créatures corporelles et spirituelles, visibles et invisibles.

Que veut dire qu'il gouverne toutes choses?

Dieu gouverne toutes choses, parce qu'il règle toutes choses par sa providence, et que rien n'arrive dans le monde sans son ordre ou sans sa permission.

Pourquoi Dieu nous a-t-il créés?

Dieu nous a créés pour le connaître, l'aimer et le servir, et par ce moyen obtenir la vie éternelle.

CHAPITRE II.

De la Trinité.

Y a-t-il plusieurs Dieux?

Non, il n'y a qu'un Dieu, et il ne peut y en avoir plusieurs.

Y a-t-il plusieurs personnes en Dieu?

Il y a plusieurs personnes en Dieu.

Combien y en a-t-il?

Il y en a trois; savoir, le Père, le Fils, et le Saint-Esprit.

Le Père est-il Dieu?

Oui, le Père est Dieu.

Le Fils est-il Dieu?

Oui, le Fils est Dieu.

Le Saint-Esprit est-il Dieu?

Oui, le Saint-Esprit est Dieu.

Sont-ce trois Dieux?

Ce ne sont pas trois Dieux, ce sont trois personnes; mais ces trois personnes ne font qu'un seul Dieu; et c'est ce qu'on appelle la très-sainte Trinité.

Le Père n'est-il pas plus ancien que le Fils et le Saint-Esprit?

Le Père n'est pas plus ancien que le Fils et le Saint-Esprit ; ces deux personnes sont de toute éternité comme le Père.

Y a-t-il quelqu'une de ces trois personnes qui soit plus grande et plus puissante que l'autre?

Ces trois personnes sont égales en toutes choses.

Pourquoi ces trois personnes sont-elles égales en toutes choses?

Ces trois personnes sont égales en toutes choses, parce qu'elles ont une même divinité et une même nature ; c'est ce que l'Église explique parfaitement par le mot de Consubstantialité.

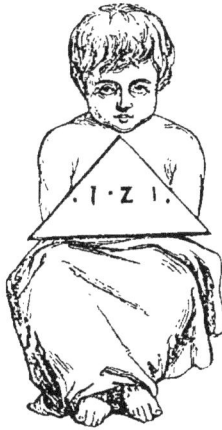

CHAPITRE III.

De l'Incarnation.

Y a-t-il quelqu'une des trois personnes divines qui se soit faite homme?

Il y a une des trois personnes divines qui s'est faite homme.

Laquelle est-ce?

C'est le Fils.

Que veut dire qu'il s'est fait homme?

C'est-à-dire que le Fils a uni substantiellement à sa personne un corps et une âme semblables aux nôtres.

Où a-t-il pris ce corps et cette âme?

Il les a pris dans le sein de la bienheureuse Vierge Marie, sa mère.

Comment a-t-il été conçu dans le sein de la Vierge?

Il a été conçu par l'opération du Saint-Esprit.

Pourquoi s'est-il fait homme?

Le Fils s'est fait homme pour nous racheter de l'esclavage du péché et des peines de l'enfer, et pour nous mériter la vie éternelle.

Comment nous a-t-il rachetés ?

Il nous a rachetés en souffrant pour nous comme homme, et donnant, comme Dieu, un prix infini à ses souffrances.

Comment appelle-t-on le fils de Dieu fait homme ?

Le fils de Dieu fait homme s'appelle Jésus-Christ.

Est-il Dieu et homme tout ensemble ?

Jésus-Christ est Dieu et homme tout ensemble.

Combien y a-t-il de natures en lui ?

Il y a deux natures en Jésus-Christ : la nature divine et la nature humaine.

N'y a-t-il point aussi en Jésus-Christ plusieurs personnes ?

Non, il n'y a qu'une seule personne en Jésus-Christ, qui est la personne du fils de Dieu.

CHAPITRE IV.

Du Symbole des Apôtres.

———

Qu'est-ce que le symbole des Apôtres?

Le symbole est une formule de profession de Foi, qui nous vient des Apôtres.

Dites-le en latin.

Credo in Deum, Patrem omnipotentem, Creatorem cœli et terræ : et in Jesum Christum Filium ejus unicum, Dominum nostrum, qui conceptus est de Spiritu Sancto , natus ex Mariâ Virgine : passus sub Pontio Pilato, crucifixus, mortuus, et sepultus : descendit ad inferos , tertiâ die resurrexit à mortuis : ascendit ad cœlos, sedet ad dexteram Dei Patris omnipotentis , indè venturus est judicare vivos et mortuos.

Credo in Spiritum Sanctum , sanctam Ecclesiam catholicam, Sanctorum communionem, remissionem peccatorum, carnis resurrectionem, vitam æternam. Amen.

Dites-le en français.

Je crois en Dieu le Père tout-puissant , créateur

du ciel et de la terre : et en Jésus-Christ son Fils
unique, notre Seigneur : qui a été conçu du Saint-
Esprit, est né de la Vierge Marie : a souffert sous
Ponce-Pilate, a été crucifié, est mort et a été enseveli : qui est descendu aux enfers, et le troisième
jour est ressuscité des morts, est monté aux cieux,
est assis à la droite de Dieu le Père tout-puissant ;
d'où il viendra juger les vivants et les morts. Je crois
au Saint-Esprit, la sainte Église catholique, la communion des Saints, la rémission des péchés, la résurrection de la chair, la vie éternelle. Ainsi soit-il.

ARTICLE I.

Je crois en Dieu le Père tout-puissant, créateur du ciel et de la terre.

Expliquez-nous ces premières paroles : Je crois en Dieu.

Je crois en Dieu, c'est-à-dire je suis certain, par
une ferme foi, qu'il y a un Dieu, et qu'il ne peut y
en avoir plusieurs.

*Pourquoi ne dites-vous pas seulement que vous croyez
qu'il y a un Dieu, mais que vous dites aussi que vous
croyez en lui ?*

Non-seulement je crois qu'il n'y a qu'un Dieu, mais
je dis que je crois en lui, pour faire connaître que
je mets toute ma confiance en Dieu, et que je le regarde comme mon souverain bien et ma dernière fin.

Qu'entendez-vous par le Père ?

Par le Père j'entends qu'y ayant plusieurs personnes en Dieu, la première s'appelle Père.

Pourquoi l'appelez-vous Père ?

Je l'appelle Père, parce que de toute éternité il engendre un Fils qui est un même Dieu avec lui, et qui lui est égal en toutes choses.

Pourquoi l'appelez-vous le Père tout-puissant ?

Je l'appelle le Père tout-puissant, parce que sa puissance est infinie, et qu'il peut faire tout ce qu'il lui plaît.

La toute-puissance n'appartient-elle pas au Fils et au Saint-Esprit aussi bien qu'au Père ?

La toute-puissance appartient au Père, au Fils et au Saint-Esprit, parce que ces trois Personnes n'ont qu'une même toute-puissance.

Pourquoi donc est-elle particulièrement attribuée au Père ?

La toute-puissance est attribuée au Père, parce qu'étant le principe des deux autres Personnes, et leur communiquant sa nature, il leur communique sa toute-puissance avec toutes ses perfections divines.

Que veut dire Créateur du ciel et de la terre ?

Créateur veut dire que de rien il a fait toutes choses.

ARTICLE II.

Et en Jésus-Christ son Fils unique, Notre Seigneur.

Qu'entendez-vous par Jésus-Christ ?

J'entends par Jésus-Christ le Fils de Dieu qui s'est fait homme, et qui est Dieu et homme tout ensemble.

Qu'entendez-vous par ces paroles : Son Fils ?

J'entends par son Fils, la Personne qui est engendrée du Père, et qui lui est consubstantielle.

Que veut dire consubstantiel ?

Consubstantiel veut dire que le Fils a la même nature que le Père.

Pourquoi dites-vous qu'il est Fils unique ?

Fils unique veut dire qu'il n'y a que lui qui soit engendré du Père.

Pourquoi Notre Seigneur ?

J'entends par Notre Seigneur, que nous sommes à lui, non-seulement parce qu'il nous a créés, et qu'il nous conserve, mais aussi parce qu'il nous a rachetés.

Que veut dire le nom de JÉSUS ?

JÉSUS veut dire Sauveur.

Que veut dire le nom de CHRIST ?

CHRIST veut dire oint ou sacré.

ARTICLE III.

Qui a été conçu du Saint-Esprit, est né de la Vierge Marie.

Qu'entendez-vous par ces paroles : Conçu du Saint-Esprit ?

Par conçu du Saint-Esprit, j'entends que le Fils se faisant homme, le corps qu'il a pris a été formé de la substance d'une Vierge par l'opération du Saint-Esprit.

Que veut dire né de la Vierge Marie ?

Né de la Vierge Marie, signifie que cette Vierge

sainte, appelée Marie, l'a enfanté comme elle l'avait conçu, en demeurant toujours vierge.

ARTICLE IV.

A souffert sous Ponce-Pilate, a été crucifié, est mort, et a été enseveli.

Qu'entendez vous par ces paroles : A souffert sous Ponce-Pilate, a été crucifié?

J'entends que Ponce-Pilate étant gouverneur de la Judée pour les Romains, Jésus-Christ a été chargé d'opprobres, fouetté, couronné d'épines, et attaché à une croix.

Que veut dire est mort?

Je veux dire que son âme a été séparée de son corps, quoique la divinité soit toujours demeurée unie à l'âme et au corps séparés l'un de l'autre.

Que veut dire enseveli?

Je veux dire qu'après sa mort, son corps ayant été détaché de la croix, il fut mis dans le sépulcre.

ARTICLE V.

Qui est descendu aux enfers, et le troisième jour est ressuscité des morts.

Que veut dire est descendu aux enfers?

Je veux dire que l'âme de Jésus-Christ étant séparée de son corps, est descendue dans les lieux bas de la terre, où étaient les âmes des Justes, qui attendaient sa venue pour les en délivrer.

Qu'entendez-vous par ces paroles : Le troisième jour est ressuscité des morts ?

J'entends que, le troisième jour après sa mort, Jésus-Christ réunit son âme à son corps et sortit glorieux du sépulcre.

ARTICLE VI.

Est monté aux cieux , est assis à la droite de Dieu , le Père tout-puissant.

Que veut dire est monté aux cieux ?

Je veux dire qu'ayant passé quarante jours sur la terre après sa résurrection, Jésus-Christ s'est élevé dans le ciel par la vertu de sa divinité.

Expliquez-nous ces paroles : Est assis à la droite de Dieu, le Père tout-puissant.

J'entends que Jésus-Christ étant, comme Dieu, égal à son Père, il est, comme homme, par la grandeur de sa gloire et de sa puissance , au-dessus de toutes les créatures.

ARTICLE VII.

D'où il viendra juger les vivants et les morts.

Que veulent dire ces paroles : D'où il viendra juger ?

Ces paroles veulent dire qu'à la fin des siècles Jésus-Christ descendra des cieux visiblement , et viendra avec majesté pour juger tous les hommes, et rendre à chacun selon ses œuvres.

Qu'entendez-vous par les vivants et les morts?

J'entends que Jésus-Christ jugera non-seulement ceux qui seront morts avant sa venue, mais aussi ceux qui, étant encore vivants, lorsqu'il viendra, mourront, et seront ressuscités pour être jugés avec le reste des hommes.

ARTICLE VIII.

Je crois au Saint-Esprit.

Expliquez-nous ces paroles.

J'entends par ces paroles : Je crois au Saint-Esprit, qu'il y a une troisième Personne en Dieu, qui est le Saint-Esprit, qui procède du Père et du Fils, qui a la même nature que ces deux Personnes.

ARTICLE IX.

La sainte Église catholique, la Communion des Saints.

Qu'entendez-vous par l'Église ?

J'entends que l'Église est l'assemblée des Fidèles, qui, sous la conduite des Pasteurs légitimes, ne font qu'un même corps, dont Jésus-Christ est chef.

Comment ne font-ils qu'un même corps ?

Ils ne font qu'un même corps en quatre manières.

Quelle est la première?

La première, est en ce qu'ils professent tous une même foi.

Quelle est la seconde ?

La seconde est en ce qu'ils participent aux mêmes Sacrements.

Quelle est la troisième ?

La troisième est en ce qu'ils ont une société et communauté de prières.

Quelle est la quatrième ?

La quatrième est en ce qu'ils n'ont qu'un même chef invisible, qui est Jésus-Christ, et un chef visible, qui est le Pape, vicaire de Jésus-Christ sur la terre, et successeur de saint Pierre.

Pourquoi dites-vous qu'elle est sainte ?

Je dis que l'Église est sainte, parce que Jésus-Christ, son chef, est la source de la sainteté ; que sa doctrine et ses sacrements sont saints, et qu'il n'y a des saints que dans sa société.

Que veut dire catholique ?

C'est-à-dire universelle.

Pourquoi dites-vous que l'Église est universelle ?

Je dis que l'Église est universelle, parce qu'elle n'est bornée ni par les lieux, ni par les temps ; et c'est un avantage qu'aucune des sectes qui se sont séparées d'elle, n'a jamais eu et n'aura jamais.

Qu'entendez-vous par la Communion des Saints ?

J'entends par la Communion des Saints, que les Fidèles ne faisant qu'un corps sur la terre, la charité qui les unit tous ensemble, établit entre eux une communauté de biens spirituels.

Les Fidèles n'ont-ils pas communion avec les Saints qui sont dans le ciel?

Les Fidèles ont communion avec les Saints , parce que la charité qui nous unit avec eux, fait entre eux et nous un commerce de prières que nous leur adressons , et de secours qu'ils nous procurent.

ARTICLE X.

La rémission des péchés.

Qu'entendez-vous par ces paroles ?

J'entends par la rémission des péchés , que Jésus-Christ a établi des sacrements dans son Église pour remettre toutes sortes de péchés.

ARTICLE XI.

La résurrection de la chair.

Qu'entendez-vous par cet article ?

J'entends par la résurrection de la chair que tous ceux qui seront morts depuis le commencement du monde , ressusciteront avec les mêmes corps qu'ils auront eus en cette vie, pour être jugés selon leurs œuvres.

ARTICLE XII.

La Vie éternelle.

Expliquez-nous ce dernier article.

J'entends par la vie éternelle, que les justes ressuscités jouiront, pendant toute l'éternité, d'une vie
bienheureuse, et qu'au contraire les méchants ressuscités souffriront des peines qui n'auront jamais de fin.

CHAPITRE V.

Des Sacrements en général.

ARTICLE I.

Qu'est-ce qu'un Sacrement?

Un Sacrement est un signe sensible institué par notre Seigneur Jésus-Christ pour nous sanctifier.

Pourquoi dites-vous que le Sacrement est un signe sensible?

Le Sacrement est un signe sensible, parce qu'il nous fait connaître une grâce invisible qu'il opère dans notre âme; et il est sensible, parce qu'il tombe sous nos sens.

ARTICLE II.

De l'effet des Sacrements.

Comment est-ce que les Sacrements nous sanctifient?

Les Sacrements nous sanctifient, parce que les uns nous donnent la grâce et la justification, que nous n'avions pas auparavant, comme le Baptême et la Pénitence ; et les autres augmentent en nous celle que nous avions déjà reçue, comme la Confirmation, l'Eucharistie et les autres.

Les Sacrements n'ont-ils point d'autres effets que la grâce?

Il y a trois Sacrements qui ont d'autres effets que la grâce, et qui impriment encore un caractère ; savoir : le Baptême, la Confirmation, et l'Ordre, et c'est pour cela que ces trois ne se peuvent réitérer.

SECTION DE LA JUSTIFICATION.

Qu'est ce que la Justification?

La Justification est un changement qui se fait en nous de l'état du péché mortel en l'état de la grâce, par laquelle nous sommes faits enfants de Dieu.

Pouvons-nous nous disposer par nous-mêmes à la Justification?

Nous ne pouvons pas nous disposer par nous-mêmes à la Justification ; il faut que nous y soyons excités et aidés par un mouvement intérieur du Saint-Esprit.

Combien y a-t-il de dispositions nécessaires pour être justifié?

Il y a six dispositions nécessaires pour être justifié.

Quelle est la première?

La première est de croire tout ce que Dieu nous a révélé et nous a promis, et particulièrement la Justification que Jésus-Christ nous a méritée par sa Rédemption.

2.

Quelle est la seconde?

La seconde est de craindre la justice de Dieu dans la vue de nos péchés.

Quelle est la troisième?

La troisième est d'espérer que la miséricorde de Dieu nous les pardonnera par les mérites de Jésus-Christ.

Quelle est la quatrième?

La quatrième est de commencer à aimer Dieu, comme source de toute justice.

Quelle est la cinquième?

La cinquième est, en suite de cet amour, de concevoir de la haine et de la détestation pour le péché, et s'en repentir.

Quelle est la sixième?

La sixième est de prendre la résolution de commencer une nouvelle vie, et d'observer inviolablement les Commandements de Dieu.

ARTICLE III.

Du nombre des Sacrements.

Combien y a-t-il de Sacrements?

Il y a sept Sacrements.

Quels sont-ils?

Le Baptême, la Confirmation, l'Eucharistie, la Pénitence, l'Extrême-Onction, l'Ordre, et le Mariage.

ARTICLE IV.

Des Cérémonies des Sacrements.

Pourquoi l'Église se sert-elle de plusieurs cérémonies dans l'administration des Sacrements ?

L'Église se sert de plusieurs cérémonies dans l'administration des Sacrements, pour nous en faire connaître l'excellence et la sainteté, et pour nous exciter à les recevoir avec plus de dévotion et de respect.

Que signifient ces cérémonies ?

Ces cérémonies signifient trois choses : 1° les dispositions avec lesquelles nous devons recevoir les Sacrements ; 2° les effets qu'ils produisent dans nos âmes ; 3° les obligations qu'ils nous imposent.

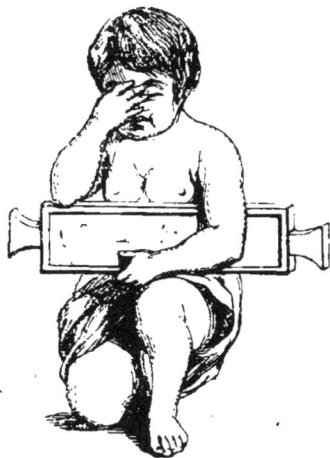

CHAPITRE VI.

Du Baptême.

—

Qu'est-ce que le Baptême?

Le Baptême est un Sacrement qui nous régénère en Jésus-Christ, en nous donnant la vie spirituelle de la grâce, et qui nous fait enfants de Dieu et de l'Église.

Comment est-ce que la grâce nous donne la vie spirituelle?

La grâce nous donne la vie spirituelle, en nous unissant avec Dieu, qui est la vie de notre âme, comme l'âme est la vie du corps.

Le Baptême efface-t-il tous les péchés?

Le Baptême efface dans les enfants le péché originel; et dans les adultes, outre le péché originel, il efface tous les péchés actuels qu'ils pourraient avoir commis avant que d'être baptisés.

Remet-il toutes les peines dues aux péchés?

A l'égard du péché actuel, le Baptême remet toutes les peines éternelles et temporelles.

Quelles peines remet-il à l'égard du péché originel?

Il en remet les peines éternelles, mais il n'ôte pas les suites de ce péché.

Pourquoi ces suites du péché originel restent-elles après qu'il est effacé ?

Ces suites restent pour servir d'exercice à notre vertu.

Comment donne-t-on le Sacrement de Baptême ?

On donne le Sacrement de Baptême en versant de l'eau naturelle sur la personne que l'on baptise, ou en la plongeant, ou en faisant aspersion sur elle, et disant en même temps ces paroles : Je te baptise au nom du Père, et du Fils, et du Saint-Esprit.

A quoi nous engage le Baptême ?

Le Baptême nous engage à croire en Jésus-Christ, et à renoncer à Satan, à ses pompes et à ses œuvres.

Qu'est-ce que renoncer à Satan ?

Renoncer à Satan, est déclarer solennellement qu'on abandonne le parti du démon pour se soumettre à la loi de Jésus-Christ.

Qu'entendez-vous par les pompes du démon ?

J'entends par les pompes du démon, les maximes et les vanités du monde.

Qu'entendez-vous par ses œuvres ?

J'entends par les œuvres du démon toutes sortes de péchés.

Le Baptême est-il nécessaire pour être sauvé ?

Oui, le Baptême est d'une si grande nécessité pour le salut de tous les hommes, que les enfants mêmes ne peuvent être sauvés sans le recevoir.

Peut-il être suppléé ?

Oui, le Baptême peut être suppléé dans les enfants par le martyre, et dans les adultes par le martyre ou par un acte de charité, avec le désir de le recevoir aussitôt qu'ils pourront.

CHAPITRE VII.

De la Confirmation.

— —

Qu'est-ce que la Confirmation ?

La Confirmation est un Sacrement qui nous donne le Saint-Esprit et l'abondance de ses grâces, pour nous rendre parfaits Chrétiens, et pour nous faire confesser la foi de Jésus-Christ, même au péril de notre vie.

Comment donne-t-on ce Sacrement ?

La Confirmation se donne par l'imposition des mains de l'Évêque, et par l'onction qu'il fait avec le Chrême sur le front de la personne qu'il confirme, en prononçant en même temps des paroles qui expriment l'effet de ce Sacrement.

Ce Sacrement est-il nécessaire absolument pour être sauvé ?

Ce Sacrement n'est pas nécessaire pour être sauvé : mais ceux qui le négligent se rendent coupables de péché, et se privent de l'abondance des grâces que ce Sacrement communique.

En quelles occasions doit-on principalement le recevoir?

On doit recevoir la Confirmation quand on est persécuté pour la foi, ou tenté contre la foi.

En quelles dispositions faut-il recevoir ce Sacrement?

Pour le recevoir, il faut être instruit des principaux Mystères de la foi, en renouveler la profession, et avoir la conscience purgée de tout péché mortel.

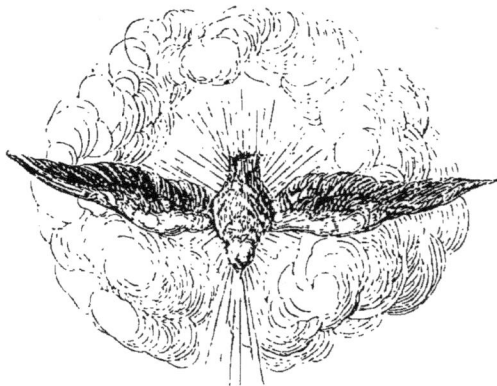

CHAPITRE VIII.

De l'Eucharistie.

ARTICLE I.

Du Sacrement de l'Eucharistie.

Qu'est-ce que l'Eucharistie?

L'Eucharistie est un Sacrement qui contient réellement et en vérité le Corps, le Sang, l'âme et la divinité de Notre-Seigneur Jésus-Christ sous les espèces du pain et du vin.

Qu'entendez-vous par les espèces?

J'entends par les espèces ce qui paraît à nos sens, comme la couleur, la figure et le goût.

N'y reste-t-il plus de pain ni de vin?

Il ne reste plus de pain ni de vin; mais la substance du pain est changée en celle du corps de Jésus-Christ, et la substance du vin en celle de son sang.

Comment appelle-t-on ce changement?

On appelle ce changement Transsubstantiation; c'est-à-dire, changement d'une substance en une autre.

Comment se fait ce changement?

Ce changement se fait par la vertu toute-puissante des paroles de J. C. que le Prêtre prononce en son nom.

N'y a-t-il que le Corps sous l'espèce du pain, et que le Sang sous l'espèce du vin?

Jésus-Christ est tout entier sous chacune des deux espèces, et tout entier sous chaque partie des mêmes espèces.

Quels sont les effets de ce Sacrement?

Il y a quatre effets principaux.

Quel est le premier?

Le premier effet est de nous unir intimement et nous incorporer à J. C. non-seulement par la foi et la charité, mais aussi par la présence réelle de sa chair sacrée et de son précieux Sang.

Quel est le second?

Le second effet est d'augmenter, affermir et conserver en nous la vie spirituelle de la grâce.

Quel est le troisième?

Le troisième effet est d'affaiblir la concupiscence, et modérer la violence de nos passions.

Quel est le quatrième?

Le quatrième effet est de nous donner le gage de la vie éternelle, et de la résurrection glorieuse.

Avec quelles dispositions doit-on recevoir ce Sacrement?

Il y a deux sortes de dispositions : les unes regardent l'âme et les autres le corps.

Quelles sont les dispositions de l'âme?

Il y a deux principales dispositions de l'âme.

Quelle est la première?

La première disposition de l'âme est de s'éprouver soi-même ; et si on se sent coupable de quelque péché mortel, il faut avoir recours au Sacrement de Pénitence.

Quelle est la seconde?

La seconde est de s'en approcher avec une foi vive, une ferme espérance, une charité ardente, et avec de profonds sentiments d'humilité, d'adoration et de reconnaissance.

Quelles sont les dispositions du corps?

Il y a deux principales dispositions du corps.

Qui sont-elles?

Premièrement, il faut être à jeun, si ce n'est qu'on reçût ce Sacrement en maladie, comme Viatique. Secondement, il faut être à genoux, et avoir un extérieur le plus modeste, le plus recueilli et le plus respectueux qu'il soit possible.

Ceux qui communient en péché mortel, reçoivent-ils le Corps et le Sang de Jésus-Christ?

Oui, mais ils ne reçoivent pas les grâces, et au contraire ils mangent et ils boivent leur jugement et leur condamnation.

Quel crime commettent ceux qui communient en péché mortel?

Ils commettent un horrible sacrilège, et ils se

rendent coupables de la profanation du Corps et du
Sang de Jésus-Christ.

ARTICLE II.

Du Sacrifice de la Messe.

*Le Sacrement de l'Eucharistie n'est-il pas aussi un
Sacrifice?*

Oui, l'Eucharistie est un sacrifice, parce que J. C.
ne s'y donne pas seulement à nous pour être notre
nourriture spirituelle, mais il s'y offre à Dieu son
Père par le ministère des Prêtres, comme victime
pour nous.

Pourquoi Notre-Seigneur a-t-il institué ce Sacrifice?

Il a institué ce Sacrifice pour trois raisons principales.

Quelle est la première?

La première est pour établir dans son Église un
Sacrifice de Religion extérieur et sensible jusqu'à la
consommation des siècles.

Quelle est la seconde?

La seconde est pour représenter le Sacrifice san-
glant de la Croix, d'une manière non sanglante.

Quelle est la troisième?

La troisième est pour nous appliquer par ce même
Sacrifice, la vertu et le mérite du Sacrifice de la
Croix.

Est-ce le même Sacrifice que celui de la Croix?

Oui, l'Eucharistie est le même Sacrifice que celui de la Croix ; car c'est la même Hostie et le même Sacrificateur, tant sur la Croix que sur l'Autel ; et ce qu'il y a de différence, n'est que dans la manière.

En quoi consiste cette manière?

Cette manière consiste en ce que Jésus-Christ s'est offert par lui-même sur la Croix d'une manière sanglante, et sur l'Autel il s'offre par le ministère des Prêtres d'une manière non sanglante.

Dans quel esprit doit-on assister à ce Sacrifice?

Il faut assister à ce sacrifice en se conformant à l'intention de l'Église qui l'offre.

Pourquoi l'Église offre-t-elle ce sacrifice?

L'Église offre ce Sacrifice, premièrement, pour rendre à Dieu le culte souverain qui lui est dû. Secondement, pour la rémission de nos péchés Troisièmement, pour lui demander toutes les grâces qui nous sont nécessaires. Quatrièmement, pour le remercier de toutes celles que nous avons reçues.

A qui l'offre-t-on?

On l'offre à Dieu seul, parce que le Sacrifice est une reconnaissance de sa souveraine puissance, et un hommage de notre dépendance et de notre servitude.

Pourquoi y fait-on mémoire des Saints?

On fait mémoire des Saints, 1. Pour louer et remercier Dieu des victoires qu'il leur a fait remporter par sa grâce, et de la gloire dont il les a couronnés;

2. Pour nous offrir avec J. C. dans ce Sacrifice, comme ils se sont offerts eux-mêmes;

3. Pour témoigner que J. C. étant leur Sauveur et le nôtre, nous espérons de participer comme eux à la vertu de son Sacrifice;

4. C'est pour leur demander qu'ils unissent leurs prières avec les nôtres.

Pour qui offre-t-on ce Sacrifice ?

On offre ce Sacrifice pour les vivants et pour les morts.

CHAPITRE IX.

Du Sacrement de Pénitence.

Qu'est-ce que la Pénitence ?

La Pénitence est un Sacrement qui remet les péchés commis après le Baptême.

Combien a t elle de parties ?

Elle en a trois : la Contrition, la Confession et la Satisfaction.

ARTICLE I.

De la Contrition.

Qu'est-ce que la Contrition ?

La Contrition est une douleur et une détestation du péché que l'on a commis, avec un ferme propos de n'y plus retomber.

Quelles sont les marques d'un ferme Propos ?

Les marques d'un ferme Propos sont, premièrement, de changer de vie ; 2. Éviter les occasions qui portent ordinairement au péché ; 3. Travailler à détruire les mauvaises habitudes.

3

Combien y a-t-il de sortes de Contritions?

Il y a deux sortes de Contritions, l'une parfaite, et l'autre imparfaite, que l'on appelle Attrition.

SECTION I.

De la Contrition parfaite.

Qu'est-ce que la Contrition parfaite?

La Contrition parfaite est une douleur d'avoir offensé Dieu, parce qu'il est souverainement bon.

Quel est son effet?

L'effet de la Contrition parfaite est de justifier le pécheur par elle-même sans l'Absolution, avec le désir néanmoins et l'obligation de la recevoir.

SECTION II.

De l'Attrition.

Qu'est-ce que l'Attrition?

L'Attrition est une douleur d'avoir offensé Dieu, par la honte d'avoir commis le péché, ou par la crainte d'en recevoir le châtiment.

Justifie-t-elle le pécheur par elle-même?

L'Attrition ne justifie pas le pécheur par elle-même, mais elle le dispose à recevoir la grâce de la Justification par l'Absolution, dans laquelle consiste principalement la force du Sacrement de Pénitence.

*Quelles conditions doit-elle avoir pour disposer à la Jus-
tification?*

L'Attrition doit avoir les conditions suivantes,
pour disposer à la Justification. Il faut, premièrement,
qu'elle soit excitée dans le cœur par un mouvement
du Saint-Esprit, et non pas seulement par un mouvement de la nature; 2. Qu'elle exclue la volonté du
péché; 3. Qu'elle renferme l'espérance du pardon.

ARTICLE II.

De la Confession.

Qu'est-ce que la Confession?

La Confession est une accusation de tous ses péchés, que l'on fait au prêtre pour en obtenir l'Absolution.

Comment faut-il déclarer ses péchés?

Il en faut déclarer le nombre, les qualités diffé-
rentes et les circonstances considérables.

Les faut-il déclarer tous?

Il faut déclarer tous ses péchés, et si l'on retient
volontairement quelque péché mortel, on ne reçoit
pas la rémission de ses péchés, et l'on commet un
sacrilége.

*Que faut-il faire pour avoir une connaissance exacte de
tous ses péchés?*

Pour avoir une connaissance exacte de ses péchés,
il faut s'examiner sur les Commandements de Dieu

3.

et de l'Église, et voir en quoi on a péché contre chacun de ces Commandements.

La Confession des péchés véniels est-elle absolument nécessaire?

La Confession des péchés véniels n'est pas absolument nécessaire, mais elle est très-utile; et l'Absolution que l'on en reçoit augmente la grâce en nous.

ARTICLE III.

De la Satisfaction.

Qu'est-ce que la Satisfaction?

La Satisfaction est une réparation que l'on doit à Dieu, ou au prochain, pour l'injure qu'on lui a faite.

Est-on encore obligé de satisfaire à Dieu, après que le péché est pardonné?

On est obligé de satisfaire à Dieu après que le péché est pardonné; car bien que la peine éternelle soit remise par l'Absolution, il reste encore ordinairement à souffrir une peine temporelle en cette vie ou en l'autre.

Comment satisfaisons-nous à Dieu?

Nous satisfaisons à Dieu par les œuvres de Pénitence que nous accomplissons par la grâce de J. C. dans lequel nous vivons, nous méritons et nous satisfaisons.

Quelles sont les œuvres de Pénitence?

Les œuvres de Pénitence sont celles qui sont imposées par le Prêtre, comme sont principalement la Prière, le Jeûne et l'Aumône.

Est-on aussi obligé de satisfaire à son prochain?

On est obligé de satisfaire à son prochain, en réparant le tort qu'on lui a fait, ou dans sa personne, ou dans son honneur, ou dans ses biens.

Section des Indulgences.

Qu'est-ce que l'Indulgence?

L'Indulgence est une Rémission des peines temporelles dues au péché.

Par quel pouvoir l'Église donne-t-elle des Indulgences?

L'Église donne des Indulgences par le pouvoir qu'elle en a reçu de Jésus-Christ.

Que faut-il faire pour gagner les Indulgences?

Pour gagner les Indulgences, il faut être vraiment pénitent, et accomplir les conditions prescrites par l'Église.

CHAPITRE X.

De l'Extrême-Onction.

———

Qu'est-ce que l'Extrême-Onction ?

L'Extrême-Onction est un Sacrement établi pour le soulagement spirituel et corporel des malades.

Quels sont ses effets ?

Il y a trois principaux effets de l'Extrême-Onction.

Quel est le premier ?

Le premier effet de l'Extrême-Onction est de donner de la force aux malades contre les tentations du démon et contre les horreurs de la mort.

Quel est le second ?

Le second est de nettoyer les restes du péché, et les péchés mêmes, s'il y en a encore quelques-uns à expier.

Quel est le troisième ?

Le troisième est de rendre aux malades la santé du corps, si elle est nécessaire pour leur salut.

Comment est-ce que ce Sacrement donne de la force aux malades ?

L'Extrême-Onction donne de la force aux malades, principalement en affermissant leur foi, et en excitant dans leur cœur le désir et l'espérance de posséder Dieu.

Pourquoi l'appelle-t-on Extrême-Onction ?

On appelle ce Sacrement Extrême-Onction, parce que c'est la dernière des Onctions que reçoit un Chrétien.

Ne faut-il la recevoir qu'à l'extrémité ?

Il suffit d'être dangereusement malade pour la recevoir; et quand on la reçoit avec un jugement sain et libre, on s'y dispose mieux et on en tire plus de fruit.

En quelles dispositions faut-il la recevoir ?

Si on est en péché mortel, il faut se confesser auparavant, quand on est en pouvoir de le faire; et si on ne le peut pas, il faut s'exciter à la contrition, et demander l'absolution.

CHAPITRE XI.

De l'Ordre.

***

Qu'est-ce que l'Ordre?

L'Ordre est un Sacrement qui donne le pouvoir de faire les fonctions ecclésiastiques, et la grâce pour les exercer saintement.

D'où vient cette puissance?

Cette puissance vient de Jésus-Christ, qui l'a donnée à ses Apôtres, avec pouvoir de la communiquer aux autres.

Comment cette puissance est-elle venue des Apôtres jusqu'à nous?

Cette puissance est venue des Apôtres par une succession qui n'a point été interrompue, et qui continuera dans l'Église jusqu'à la fin des siècles.

En quelles dispositions doit-on recevoir ce Sacrement?

Il y a quatre principales dispositions pour recevoir l'Ordination.

Quelle est la première?

La première est d'y être appelé, et de ne s'y pas ingérer de soi-même.

Quelle est la seconde?

La seconde est d'être animé du zèle de la gloire de Dieu, et du salut du prochain.

Quelle est la troisième?

La troisième est d'être irréprochable dans les mœurs.

Quelle est la quatrième?

La quatrième est d'être en état de grâce.

CHAPITRE XII.

Du Mariage.

--

Qu'est-ce que le Mariage?

Le Mariage est un Sacrement qui donne la grâce pour sanctifier la société légitime de l'homme et de la femme.

Quelle est la fin du Sacrement de Mariage?

La fin du Sacrement de Mariage est la naissance des enfants, qui, renaissant spirituellement par le Baptême, puissent remplir l'Église et le Ciel.

En quelles dispositions le faut-il recevoir?

Il y a trois principales dispositions pour le Mariage.

Quelle est la première?

La première est de recevoir ce Sacrement avec une conscience purifiée de tout péché mortel.

Quelle est la seconde?

La seconde est de le recevoir avec intention de servir Dieu dans cet état.

Quelle est la troisième?

La troisième est de le recevoir avec la modestie, la pudeur et les autres vertus convenables à la sainteté de ce Sacrement.

Où doit-on le recevoir?

On doit le recevoir en sa paroisse, de son propre Pasteur.

Ne peut-on le recevoir autrement?

On peut encore le recevoir de tout Prêtre, et en tout autre lieu, par la commission du Supérieur légitime, mais toujours en la présence de deux ou trois témoins.

Quelles sont les obligations du mari et de la femme?

Les obligations du mari et de la femme sont : 1. De vivre ensemble dans une sainte société; 2. De se garder réciproquement la foi conjugale; 3. De s'assister dans les besoins; 4. De donner à leurs enfants une éducation chrétienne.

CHAPITRE XIII.

Des Commandements de Dieu.

—

Est-ce assez d'être baptisé et d'avoir la foi pour être sauvé?

Non, il faut encore garder les Commandements de Dieu et de l'Église.

Combien y a-t-il de Commandements de Dieu?

Il y a dix Commandements de Dieu, dont les trois premiers regardent Dieu, et les sept autres regardent le prochain.

D'où vient donc que N. S. réduit toute la loi aux deux Commandements de l'amour de Dieu et de l'amour du prochain?

C'est que l'amour de Dieu renferme les trois premiers, et l'amour du prochain renferme les sept autres.

Quels sont les Commandements de Dieu?

Les voici comme ils sont rapportés dans la sainte Écriture, au livre de l'Exode, chap. 20 :

1. Je suis le Seigneur votre Dieu, qui vous ai tirés de la terre d'Égypte, de la maison de servitude. Vous n'aurez point d'autres dieux devant moi. Vous

ne ferez point d'images taillées, ni aucunes figures, pour les adorer ni pour les servir.

II. Vous ne prendrez point le nom du Seigneur votre Dieu en vain.

III. Souvenez-vous de sanctifier le jour du Sabbat.

IV. Honorez votre père et votre mère, afin que vous viviez longtemps sur la terre.

V. Vous ne tuerez point.

VI. Vous ne commettrez point de fornication.

VII. Vous ne déroberez point.

VIII. Vous ne porterez point faux témoignage contre votre prochain.

IX. Vous ne désirerez point la femme de votre prochain.

X. Vous ne désirerez point sa maison, ni son serviteur, ni sa servante, ni son bœuf, ni son âne, ni rien qui soit à lui.

Dites les en vers français anciens.

1. Un seul Dieu tu adoreras,
   Et aimeras parfaitement.
2. Dieu en vain tu ne jureras,
   Ni autre chose pareillement.
3. Les Dimanches tu garderas,
   En servant Dieu dévotement.
4. Tes père et mère honoreras,
   Afin que tu vives longuement.
5. Homicide point ne seras,
   De fait, ni volontairement.

  6.   Luxurieux point ne seras
          De corps, ni de consentement.
  7.   Le bien d'autrui tu ne prendras,
          Ni retiendras à ton escient.
  8.   Faux témoignage ne diras,
          Ni mentiras aucunement.
  9.   L'œuvre de chair ne désireras,
          Qu'en mariage seulement.
10.   Biens d'autrui ne convoiteras,
          Pour les avoir injustement.

ARTICLE I.

A quoi nous oblige ce premier Commandement : Un seul Dieu tu adoreras, et aimeras parfaitement ?

Ce Commandement nous oblige à quatre choses : 1. A croire en Dieu ; 2. A espérer en lui ; 3. A l'aimer parfaitement ; 4. A l'adorer lui seul.

Qu'est-ce que croire en Dieu ?

Croire en Dieu est tenir pour certain qu'il y a un Dieu, et se soumettre à toutes les vérités qu'il nous a révélées et qu'il nous propose par son Église.

Comment est-ce que Dieu nous a révélé ces vérités ?

Dieu nous a révélé ces vérités par l'Écriture et par la Tradition.

A qui est-ce que Dieu a confié le dépôt de l'Écriture et de la Tradition ?

Dieu a confié le dépôt de l'Écriture et de la Tradition à l'Église, à laquelle il en a aussi donné la véritable intelligence, et le pouvoir de la proposer aux Fidèles par un jugement infaillible et avec une souveraine autorité.

DES COMMANDEMENTS DE DIEU. 17

Comment pèche-t-on contre la Foi?

On pèche contre la Foi en quatre manières.

Quelle est la première?

La première manière de pécher contre la Foi, est en ne croyant pas les vérités qu'elle nous enseigne.

Quelle est la seconde?

La seconde est en renonçant extérieurement les vérités de la Foi.

Quelle est la troisième?

La troisième, en doutant volontairement.

Quelle est la quatrième?

La quatrième, en négligeant de s'instruire des vérités dont la connaissance est nécessaire à notre salut.

Qu'est-ce qu'espérer en Dieu?

Espérer en Dieu est attendre avec une ferme confiance, de sa bonté infinie, les biens qu'il nous a promis.

Quels sont ces biens que nous devons espérer de Dieu?

Les biens que nous devons espérer sont le salut éternel, avec les grâces et les autres secours dont nous avons besoin pour y arriver.

Comment pèche-t-on contre l'Espérance?

On pèche contre l'Espérance en trois manières.

Quelle est la première?

La première est lorsque, désespérant de son salut, on demeure dans l'impénitence.

Quelle est la seconde?

La seconde est lorsque, présumant de la miséricorde de Dieu ou de ses propres forces, on diffère sa conversion.

Quelle est la troisième ?

La troisième est lorsqu'on manque de confiance ou de soumission à la conduite de la Providence.

Qu'est-ce qu'aimer Dieu ?

Aimer Dieu est attacher notre cœur à Dieu, comme à notre souverain bien et à notre fin dernière.

Comment faut-il l'aimer ?

Il faut l'aimer de tout notre cœur, de tout notre esprit, de toute notre âme et de toutes nos forces.

Comment pèche-t-on contre l'amour de Dieu ?

On pèche contre l'amour de Dieu en deux manières.

Quelle est la première ?

La première est de mettre son souverain bien dans un autre objet que Dieu, comme les ambitieux dans les honneurs, les avares dans les richesses, les voluptueux dans les plaisirs des sens.

Quelle est la seconde ?

La seconde est d'avoir des sentiments de haine contre Dieu.

Est-on aussi obligé d'aimer son prochain ?

On est obligé d'aimer son prochain, parce que Notre-Seigneur, après nous avoir commandé d'aimer Dieu, nous a ordonné, par un second Commandement, d'aimer notre prochain.

Comment faut-il aimer son prochain?

Il faut aimer son prochain comme soi-même.

Qu'est ce qu'aimer son prochain comme soi-même?

Aimer son prochain, c'est lui désirer et lui procurer le même bien qu'à soi.

Est-on obligé d'aimer ses ennemis?

Oui, on est obligé d'aimer ses ennemis; Notre-Seigneur nous a commandé de les aimer, de prier pour eux, et de leur faire du bien.

Qu'est-ce qu'adorer Dieu?

Adorer Dieu, c'est lui rendre le culte et l'hommage que nous lui devons, comme au premier Être et à notre souverain Seigneur.

Adore-t-on les Saints?

On n'adore pas les Saints, on ne leur rend point le culte et l'hommage qui n'est dû qu'à Dieu; mais on les honore seulement comme ses serviteurs et ses amis.

Peut-on prier les Saints?

On peut prier les Saints: il est bon et utile d'avoir recours à leurs prières pour obtenir de Dieu les grâces dont nous avons besoin.

Comment les prions-nous?

Nous ne les prions pas de nous donner les grâces, mais de les demander à Dieu pour nous et avec nous, par les mérites de Jésus-Christ.

4

Ne fait-on pas d'injure à Jésus-Christ de prier les Saints?

On ne fait point d'injure à J. C. de prier les Saints, parce que nous ne reconnaissons que J. C. pour Sauveur et Médiateur, qui nous a seul rachetés par son sang ; et nous n'invoquons les Saints que comme des intercesseurs auprès de lui.

Peut-on honorer les reliques des Saints?

On peut honorer les reliques des Saints, parce que ce sont les précieux restes d'un corps qui a été le temple du Saint-Esprit, et qui doit ressusciter glorieux.

Pèche-t-on contre la défense de Dieu, en honorant les Images?

On ne pèche point contre la défense de Dieu, en honorant les Images, parce que nous ne croyons pas qu'il y ait en elles aucune divinité ni aucune vertu : nous ne leur adressons pas nos prières, et nous n'y mettons pas notre confiance.

Quel est donc l'honneur que nous leur rendons?

C'est un honneur qui se rapporte à l'objet qu'elles nous représentent.

Comment entendez-vous ce rapport?

Ce rapport est que par les Images que nous baisons, et devant lesquelles nous nous découvrons et nous nous mettons à genoux, nous adorons Jésus-

Christ, et nous honorons les Saints dont elles portent la ressemblance.

En quoi pèche-t-on contre l'adoration qui est due à Dieu ?

On pèche contre l'adoration qui est due à Dieu, en trois manières : savoir, par irrévérence, par superstition et par idolâtrie.

Comment pèche-t-on par irrévérence ?

On pèche par irrévérence en trois manières.

Quelle est la première ?

La première est en blasphémant le saint nom de Dieu.

Quelle est la seconde ?

La seconde est en profanant les choses saintes, comme les Sacrements, l'Écriture sainte, les Églises, les Reliques et les Images.

Quelle est la troisième ?

La troisième est en faisant injure aux personnes consacrées à Dieu.

Comment pèche-t-on par superstition ?

On pèche par superstition, en rendant à Dieu un autre culte que celui qui lui est rendu par l'Église.

Comment pèche-t-on par idolâtrie ?

On pèche par idolâtrie en deux manières.

4.

Quelle est la première?

La première est de rendre à quelque créature le culte souverain qui n'est dû qu'à Dieu.

Quelle est la seconde?

La seconde est d'avoir recours au démon, ou pour faire du mal au prochain, ou pour obtenir de lui ce que Dieu seul peut donner ; comme le rétablissement de la santé, ou la connaissance de l'avenir et des choses cachées.

ARTICLE II.

Qu'est-ce que Dieu nous défend par ce second Commandement : Dieu en vain tu ne jureras, ni autre chose pareillement?

Ce second Commandement nous défend de jurer de quelque manière que ce soit, ou contre la vérité, ce qu'on appelle parjure, ou avec vérité, mais sans nécessité.

Quelles sont ces manières de jurer que Dieu défend?

Les manières de jurer que Dieu nous défend sont, premièrement de jurer, ou par le saint nom de Dieu, ou par quelque autre chose de sacré, comme la mort de Jésus-Christ, ou même par le ciel et la terre, ou par quelque autre créature. Secondement, c'est de jurer avec imprécation et malédiction sur soi-même ou sur le prochain.

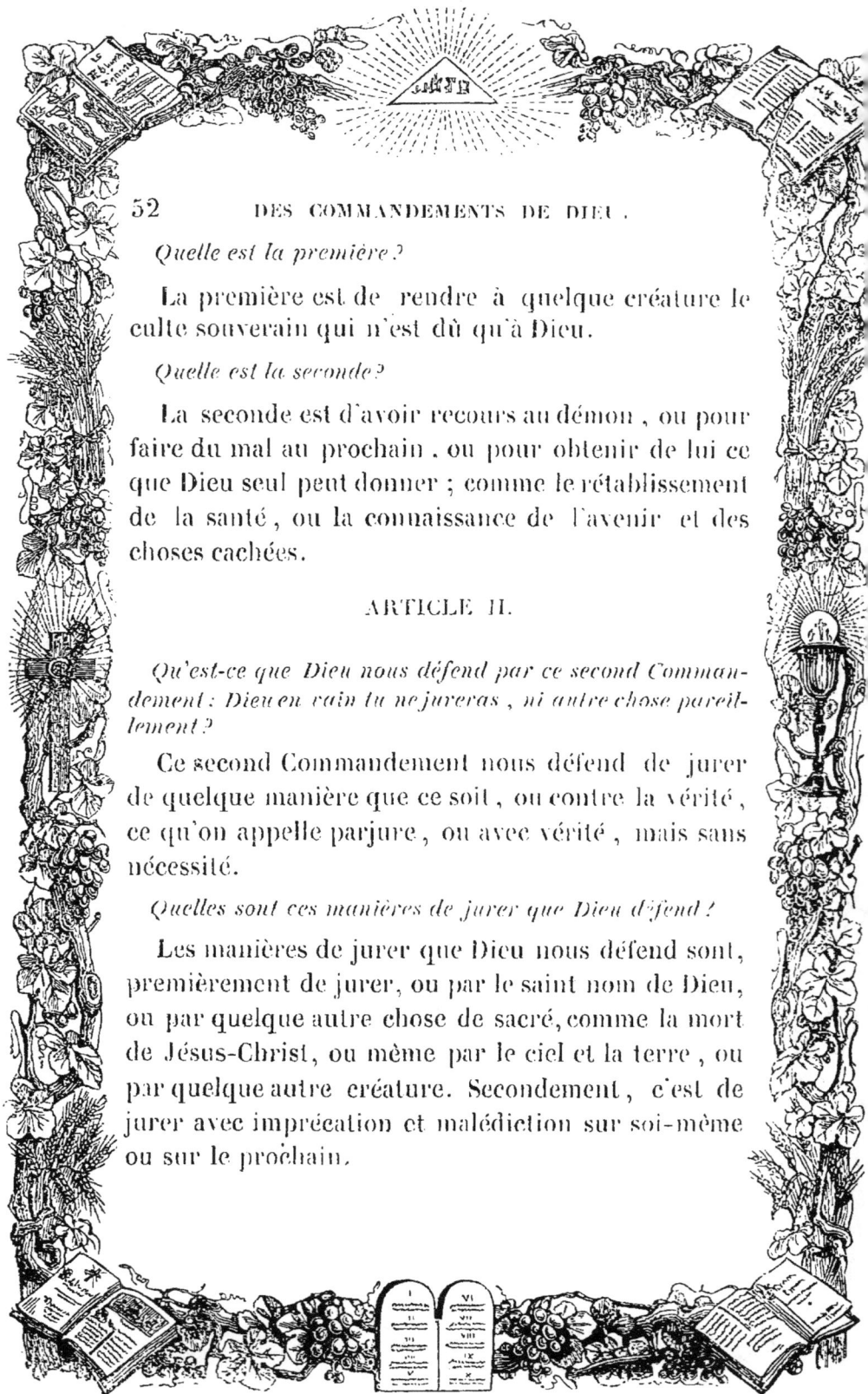

ARTICLE III.

Qu'est-ce que Dieu nous ordonne par ce troisième Commandement : Les Dimanches tu garderas en servant Dieu dévotement ?

Ce troisième Commandement nous ordonne de sanctifier le jour du repos de Dieu.

Quel est ce jour du repos de Dieu ?

Le jour du repos de Dieu était, dans l'ancienne loi, le Samedi, parce que c'est le jour auquel Dieu se reposa après avoir créé toutes choses durant six jours ; mais dans la nouvelle loi, c'est le Dimanche.

Pourquoi l'Église sanctifie-t-elle le Dimanche ?

L'Église sanctifie le Dimanche parce que c'est le jour auquel Jésus-Christ, après les travaux et les souffrances de sa vie mortelle, est entré par sa résurrection dans son repos éternel.

Que faut-il faire pour sanctifier le Dimanche ?

Pour sanctifier le Dimanche, il faut s'abstenir des œuvres serviles pendant ce jour, et l'employer au service de Dieu, en s'appliquant à des œuvres de piété et de religion.

Qui sont ceux qui pèchent contre ce Commandement ?

Ceux qui pèchent contre ce Commandement sont ceux qui négligent d'assister aux offices divins, qui emploient ce jour en débauches ou qui s'appliquent à un travail défendu.

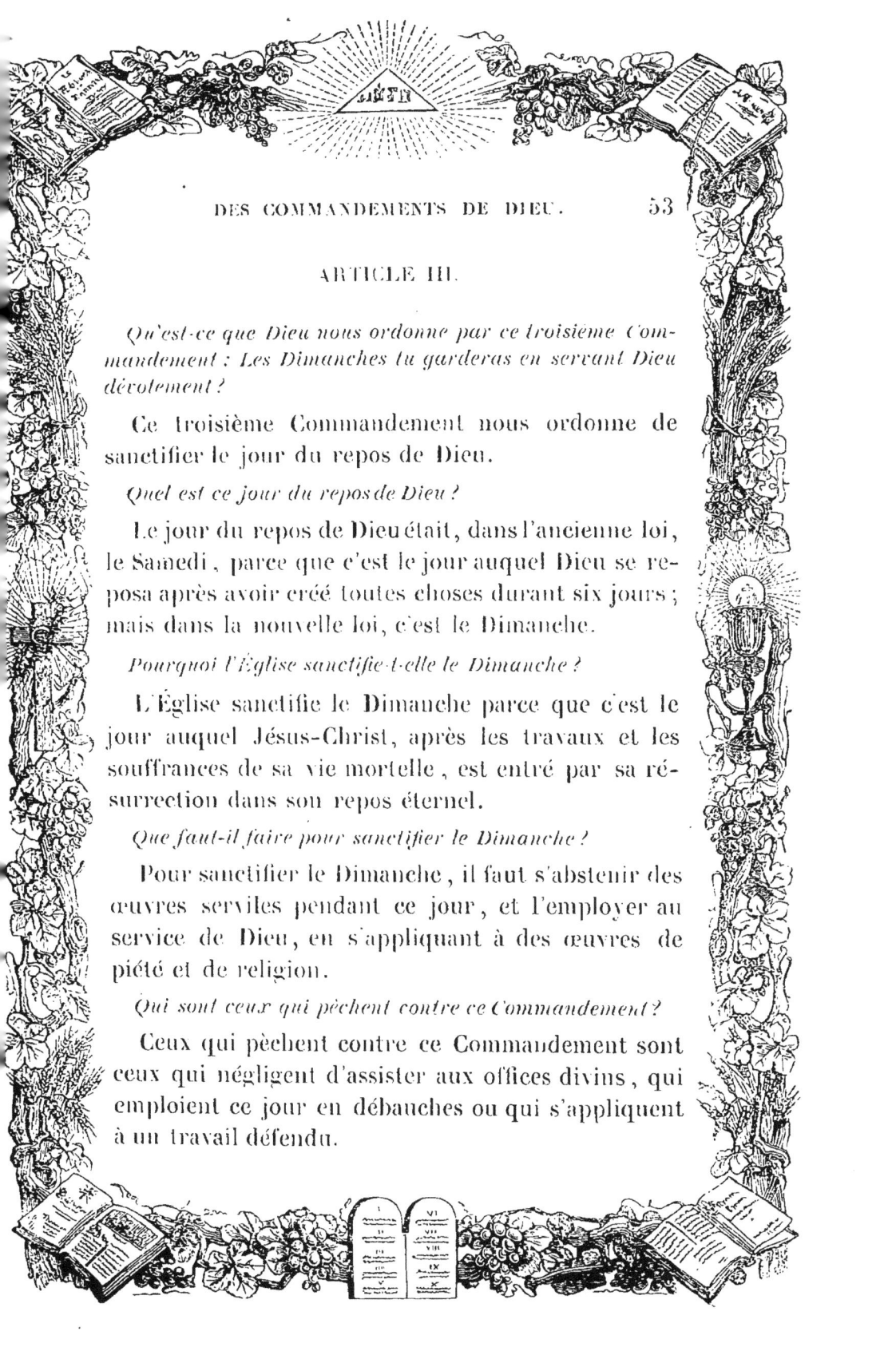

ARTICLE IV.

A quoi nous oblige ce quatrième Commandement : Tes père et mère honoreras , afin que tu vives longuement ?

Ce quatrième Commandement nous oblige d'aimer nos père et mère, de les respecter , de leur obéir , et de les assister dans leurs besoins.

Ce Commandement ne regarde-t-il que les devoirs des enfants envers les pères et mères ?

Ce Commandement regarde aussi les devoirs des inférieurs envers les supérieurs.

Ne peut-on pas rapporter aussi à ce Commandement les obligations des supérieurs envers les inférieurs ?

On peut rapporter à ce Commandement les obligations des pères et mères envers leurs enfants , des maris envers leurs femmes , des maîtres envers leurs serviteurs ; et généralement les obligations de tous les supérieurs envers leurs inférieurs.

ARTICLE V.

Qu'est-ce que Dieu défend par ce cinquième Commandement : Homicide point ne seras, de fait ni volontairement ?

Ce Commandement défend d'ôter la vie d'autorité privée à son prochain , et de se l'ôter à soi-même.

Ne défend-il que d'ôter la vie ?

Ce Commandement défend encore la haine , l'envie , le mépris , la colère , la vengeance , les injures , les violences, et généralement de vouloir ou faire aucun mal à son prochain.

Ne défend-il que de vouloir ou faire du mal à son prochain?

Ce Commandement défend encore de porter le prochain au mal par de mauvais exemples, ou de mauvais conseils, ou par quelque autre manière que ce soit.

ARTICLE VI.

Qu'est-ce que Dieu défend par ce sixième Commandement : Luxurieux point ne seras, de corps ni de consentement ?

Ce sixième Commandement nous défend toutes sortes d'impuretés dans les actions ou dans les paroles.

Pourquoi dites-vous toutes sortes d'impuretés ?

Je dis toutes sortes d'impuretés, parce que ce péché se divise en plusieurs espèces, selon la diversité des manières, ou la différence des personnes avec lesquelles on le peut commettre.

Ce Commandement ne défend-il que l'impureté ?

Ce Commandement défend encore tout ce qui y peut porter, comme l'excès du boire et du manger, comme les spectacles, les lectures, les figures, les regards, les paroles, et les manières de s'habiller déshonnêtes.

ARTICLE VII.

Qu'est-ce que Dieu défend par ce septième Commandement : Le bien d'autrui tu ne prendras, ni retiendras à ton escient ?

Ce Commandement défend deux choses ; 1. de

prendre injustement le bien de son prochain ; 2. de le retenir.

En combien de manières peut-on prendre injustement le bien d'autrui ?

On peut prendre injustement le bien d'autrui en cinq manières.

Quelle est la première ?

La première est de le prendre par violence, comme les voleurs.

Quelle est la seconde ?

La seconde est par surprise, comme les domestiques et autres qui dérobent en secret.

Quelle est la troisième ?

La troisième est par fraude, comme ceux qui trompent dans la marchandise ou autrement.

Quelle est la quatrième ?

La quatrième est par des prêts illicites, comme les usuriers.

Quelle est la cinquième ?

La cinquième est par des procès et des condamnations injustes, comme les plaideurs de mauvaise foi, et les juges corrompus, et généralement en prenant et usurpant, en quelque façon que ce soit, ce qui appartient au prochain.

En combien de sortes peut-on retenir injustement le bien d'autrui ?

On peut retenir le bien d'autrui injustement en six manières.

Quelle est la première ?

La première, en ne restituant pas ce que l'on a pris.

Quelle est la seconde ?

La seconde, en ne payant pas les gages aux serviteurs, ou le salaire aux ouvriers.

Quelle est la troisième ?

La troisième, en ne payant pas le dépôt qui a été confié.

Quelle est la quatrième ?

La quatrième, en ne rendant pas compte des biens dont on a eu l'administration.

Quelle est la cinquième ?

La cinquième est, après avoir trouvé quelque chose, de ne pas faire ses diligences pour savoir à qui elle appartient.

Quelle est la sixième ?

La sixième est de n'acquitter pas ses dettes quand on en a le pouvoir, ou ne pas travailler pour les pouvoir acquitter.

Est-ce assez pour garder les Commandements, de ne pas prendre le bien d'autrui ?

Non, il faut encore donner son bien pour assister les pauvres dans leurs besoins.

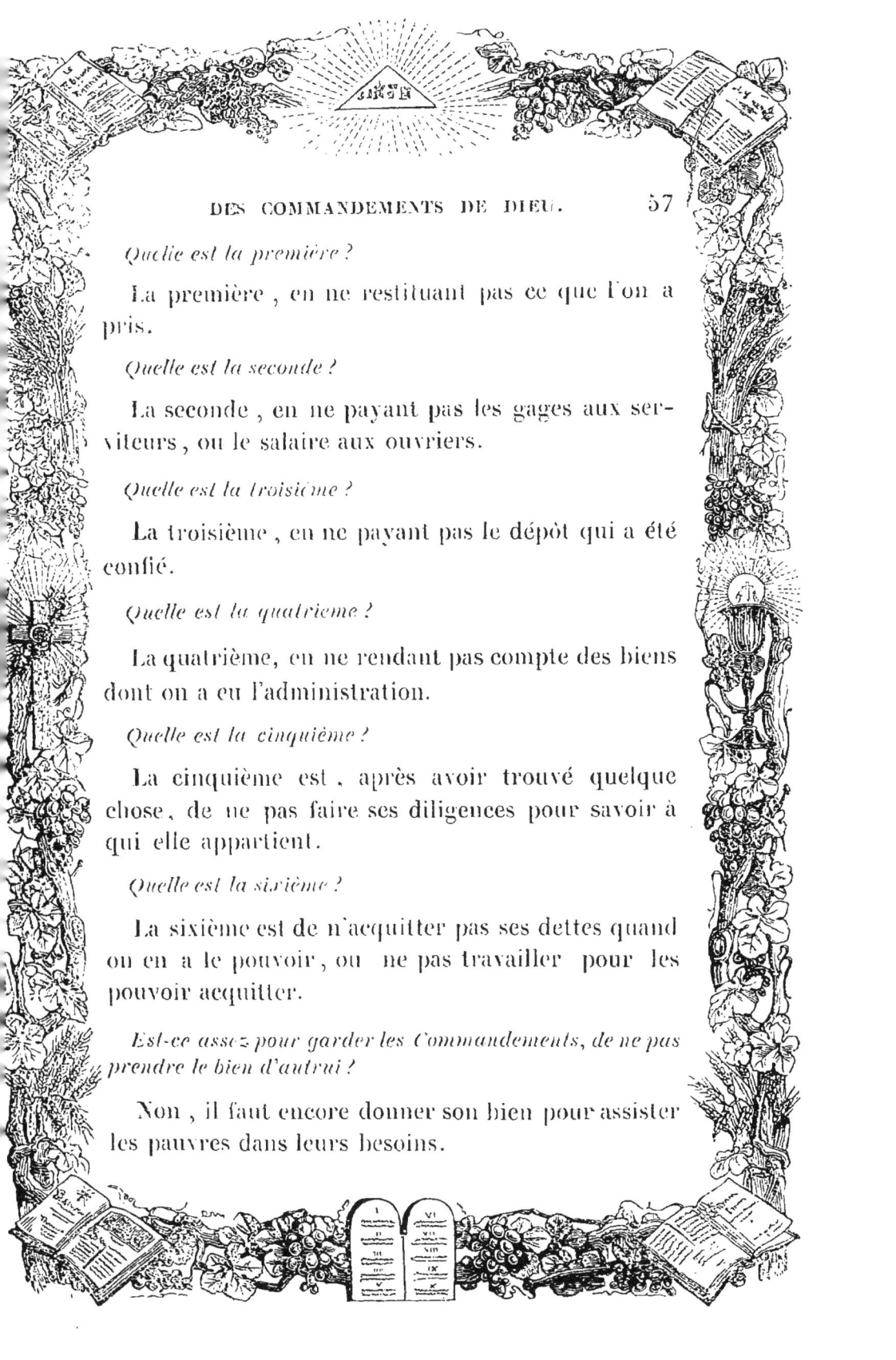

ARTICLE VIII.

Qu'est-ce que Dieu nous défend par ce huitième Commandement : Faux témoignages ne diras, ni mentiras aucunement ?

Ce huitième Commandement défend de porter faux témoignage, c'est-à-dire, de déposer contre la vérité.

En quelles autres manières pèche-t-on contre ce Commandement ?

On pèche contre ce Commandement, en subornant des témoins, fabriquant ou produisant de faux contrats ou de faux titres, supposant un crime à un innocent, ou prononçant contre lui une condamnation injuste.

Ce Commandement ne défend-il que le faux témoignage ?

Ce Commandement défend, outre le faux témoignage, toutes sortes de mensonges, les jugements téméraires, les médisances, les calomnies, et même tous les rapports que l'on peut faire pour nuire à son prochain.

ARTICLE IX.

Qu'est-ce que Dieu défend par ce neuvième Commandement : L'œuvre de chair ne désireras qu'en mariage seulement ?

Dieu, après avoir défendu, par le sixième Commandement, toutes les actions extérieures de l'impureté, en défend, par le neuvième, tous les désirs et toutes les pensées.

ARTICLE X.

*Qu'est-ce que Dieu défend par ce dixième Commande-
ment : Biens d'autrui ne convoiteras, pour les avoir injustement ?*

Dieu, après avoir défendu, par le septième Commandement, de prendre ou de retenir le bien d'autrui, défend, par le dixième, de le désirer à son
préjudice.

Ne défend-il que le désir du bien d'autrui ?

Il défend, outre le désir du bien d'autrui, l'em-
pressement, l'inquiétude, l'estime, et tout l'attachement désordonné que l'on a pour les richesses.

CHAPITRE XIV.

Des Commandements de l'Église.

L'Église a-t-elle le droit de faire des Commandements?

Oui, Jésus-Christ a donné ce pouvoir à l'Église, et il nous a commandé de lui obéir.

Combien y a-t-il de Commandements de l'Église?

Il y a six Commandements de l'Église.

Quels sont-ils?

1. Les Fêtes tu sanctifieras,
    Qui te sont de commandement.
2. Les Dimanches la Messe ouïras,
    Et les Fêtes pareillement.
3. Tous tes péchés confesseras,
    A tout le moins une fois l'an.
4. Ton Créateur tu recevras,
    Au moins à Pâques humblement.
5. Quatre-temps, Vigiles, jeûneras,
    Et le Carême entièrement.
6. Vendredi chair ne mangeras,
    Ni le Samedi mêmement.

ARTICLE I.

A quoi nous oblige ce premier Commandement de l'Église: Les Fêtes tu sanctifieras, qui te sont de commandement?

Ce premier Commandement oblige de s'abstenir

des œuvres serviles les jours de Fêtes, et de les employer au service de Dieu.

Quelles sont les Fêtes instituées par l'Église ?

Il y a deux sortes de Fêtes instituées par l'Église.

Quelles sont-elles ?

Les unes sont pour honorer les mystères de notre Rédemption, comme sont Noël, l'Épiphanie, Pâques, l'Ascension, et la Pentecôte ; et les autres pour honorer la mémoire de la sainte Vierge et des Saints.

ARTICLE II.

A quoi nous oblige ce second Commandement : Les Dimanches la Messe ouïras, et les Fêtes pareillement ?

Ce second Commandement nous oblige d'entendre la sainte Messe avec respect et attention les jours de Dimanche et de fête.

N'est-on obligé que d'entendre la Messe pour sanctifier les Dimanches et les Fêtes.

On doit encore assister à l'Office divin et aux instructions chrétiennes.

ARTICLE III.

A quoi nous oblige ce troisième Commandement : Tous tes péchés confesseras, a tout le moins une fois l'an ?

Ce troisième Commandement nous oblige à confesser au moins une fois l'année tous nos péchés, avec les dispositions nécessaires.

En quel temps faut-il faire cette confession ?

Quoique l'Église n'ait pas universellement déterminé le temps de la confession annuelle, il est à propos de la faire avant Pâques, afin qu'elle serve de préparation à la Communion Pascale.

A qui faut-il faire cette confession ?

Il la faut faire à son propre Curé, ou à un autre, si on en a la permission.

ARTICLE IV.

A quoi nous oblige ce quatrième Commandement : Ton Créateur tu recevras, au moins à Pâques humblement ?

Ce quatrième Commandement ordonne à tous les fidèles qui ont atteint l'âge de discrétion, de communier au moins une fois l'an, dans la quinzaine de Pâques, avec le respect qui est dû au très-saint Sacrement de l'Eucharistie.

En quel lieu doit-on faire cette Communion ?

Chacun la doit faire dans sa paroisse, s'il n'a une permission particulière de la faire ailleurs.

De quelle peine l'Église menace-t-elle ceux qui ne communient point à Pâques ?

L'Église ordonne qu'ils soient privés de l'entrée de l'Église jusqu'à ce qu'ils aient satisfait à ce Commandement, et que, s'ils meurent sans y avoir satisfait, ils soient privés de la sépulture chrétienne.

ARTICLE V.

*A quoi nous oblige ce cinquième Commandement : Qua-
tre-Temps, Vigiles jeûneras, et le Carême entièrement?*

Le cinquième Commandement nous oblige de jeû-
ner les quarante jours du Carême, les Quatre-
Temps et les Vigiles des fêtes.

Pourquoi le jeûne du Carême a-t-il été institué?

Le jeûne du Carême a été institué pour imiter le
jeûne de Jésus-Christ, et pour nous préparer à célébrer la Fête de Pâques.

Pourquoi le jeûne des Quatre-Temps?

Le jeûne des Quatre-Temps est pour consacrer par
la pénitence toutes les saisons de l'année.

Pourquoi le jeûne des veilles des Fêtes?

Les jeûnes des veilles des Fêtes sont pour nous
disposer à les bien célébrer.

ARTICLE VI

*A quoi nous oblige ce sixième Commandement : Ven-
dredi chair ne mangeras, ni le Samedi mêmement?*

Le sixième Commandement nous oblige de nous
abstenir de l'usage de la viande les jours de Vendredi
et Samedi.

*Pourquoi l'Église a-t elle ordonné l'abstinence des Ven-
dredis et Samedis?*

L'Église a ordonné l'abstinence des Vendredis et

Samedis pour honorer, par la pénitence, la mémoire de la mort et de la sépulture de Notre-Seigneur.

CHAPITRE XV.

Du Péché.

Qu'est-ce que le péché?

Le péché est une prévarication contre la loi de Dieu.

Combien y a-t-il de sortes de péchés?

Il y a deux sortes de péchés : l'originel et l'actuel.

ARTICLE I.

Du péché originel.

Qu'est-ce que le péché originel?

C'est un péché dans lequel nous sommes conçus, dont Adam, notre premier père, nous a rendus coupables par sa désobéissance.

Quelles sont les suites du péché originel?

Les suites du péché originel sont l'ignorance, la concupiscence, c'est-à-dire, l'inclination au péché, les misères de la vie, et la nécessité de mourir.

5

ARTICLE II.

Du péché actuel.

Qu'est-ce que le péché actuel?

C'est un péché que nous commettons par notre propre volonté, depuis que nous avons atteint l'usage de la raison.

En combien de manières commet-on le péché actuel?

On commet le péché actuel en quatre manières : savoir : par pensées, paroles, actions, et par omission.

Combien y a-t-il de sortes de péchés actuels.

Il y a deux sortes de péchés actuels : le mortel et le véniel.

SECTION I.

Du péché mortel.

Qu'est-ce que le péché mortel?

Le péché mortel est celui qui nous fait perdre la grâce de Dieu, et nous rend dignes de la damnation éternelle.

Quand est-ce qu'un péché est mortel?

Le péché est mortel, quand sa matière est considérable, et qu'on le commet avec un parfait consentement.

SECTION II.

Du péché véniel.

Qu'est-ce que le péché véniel?

Le péché véniel est celui qui affaiblit en nous la grâce, quoiqu'il ne nous l'ôte pas, et qui nous rend dignes des peines temporelles.

Quand est-ce qu'un péché est véniel?

Le péché est véniel lorsque sa matière est légère, ou lorsque le consentement est imparfait, quoique la matière même soit considérable.

ARTICLE III.

Des péchés capitaux.

Qu'est-ce qu'un péché capital?

Un péché capital est celui qui est la source de plusieurs vices.

Un péché capital est-il toujours mortel?

Un péché capital est quelquefois mortel, et quelquefois il n'est que véniel, suivant que la faute est plus ou moins considérable.

Combien y a-t-il de péchés capitaux?

Il y a sept péchés capitaux : l'orgueil, l'avarice, la luxure, l'envie, la gourmandise, la colère et la paresse.

5.

SECTION I.

De l'Orgueil.

Qu'est-ce que l'orgueil ?

L'orgueil est une estime et un amour déréglé de soi-même, dont l'effet est de se préférer aux autres, et de ne rapporter tout qu'à soi, et rien à Dieu.

Pourquoi l'orgueil est-il un péché capital ?

L'orgueil est un péché capital parce qu'il est la source de sept vices, qui sont : la vanité, l'ostentation, l'ambition, la présomption, l'hypocrisie, le mépris du prochain et la désobéissance.

Qu'est-ce que la vanité ?

La vanité est un désir déréglé de l'estime et des louanges.

Qu'est-ce que l'ostentation ?

L'ostentation est une affectation de faire voir le bien et les talents que l'on possède.

Qu'est-ce que l'ambition ?

L'ambition est une passion déréglée pour les honneurs et les dignités.

Qu'est-ce que la présomption ?

La présomption est une idée trop-avantageuse qu'on a de ses propres talents, qui fait entreprendre plus qu'on ne peut exécuter.

Qu'est-ce que l'hypocrisie ?

L'hypocrisie est une attention continuelle de paraître meilleur qu'on ne l'est en effet.

Qu'est ce que le mépris du prochain ?

Le mépris du prochain est une manière de penser qui fait tenir une conduite pleine de fierté envers le prochain.

Qu'est-ce que la désobéissance ?

La désobéissance est un défaut de soumission aux ordres des Supérieurs légitimes.

Quelle est la vertu opposée à l'orgueil ?

La vertu opposée à l'orgueil est l'humilité chrétienne.

Qu'est-ce que l'humilité chrétienne ?

L'humilité chrétienne est une vertu surnaturelle qui nous porte à penser et agir en conformité de notre néant et en vue de plaire à Dieu.

SECTION II.

De l'Avarice.

Qu'est-ce que l'avarice ?

L'avarice est un attachement du cœur aux biens de la terre, qui produit l'oubli de Dieu, la dureté pour les pauvres, l'insensibilité pour soi-même, et la duplicité ; ce qui la rend un péché capital.

Comment l'avarice produit-elle l'oubli de Dieu.

L'avarice produit l'oubli de Dieu, en engageant

l'homme à faire de son trésor l'objet dont il s'occupe principalement.

Comment l'avarice produit-elle la dureté pour les pauvres ?

L'avarice produit la dureté pour les pauvres, par l'oubli qu'elle inspire de leur misère, dont l'avare n'est pas plus touché que de son propre salut.

Qu'entendez-vous par l'insensibilité pour soi-même ?

J'entends que l'avare qui a oublié Dieu et les pauvres, s'oublie aussi lui-même en se refusant le nécessaire pour ne pas diminuer son trésor.

Qu'entendez-vous par la duplicité que produit l'avarice ?

J'entends que l'avare, pour avoir le bien d'autrui qu'il désire, emploie le mensonge, la fraude et l'injustice.

Quelle est la vertu opposée à l'avarice ?

La vertu opposée à l'avarice est un détachement chrétien des biens de la terre, soit dans la pauvreté, soit dans l'opulence.

SECTION III.

De la Luxure.

Qu'est-ce que la luxure ?

La luxure est une affection criminelle pour les plaisirs contraires à la chasteté chrétienne.

Pourquoi la luxure est-elle un péché capital?

La luxure est un péché capital parce qu'elle produit la haine de Dieu, l'éloignement des devoirs de la religion, l'endurcissement et l'horreur de la mort.

Qu'entendez-vous par la chasteté chrétienne?

La chasteté chrétienne est une vertu surnaturelle qui nous règle par rapport à la pureté, suivant l'état où la Providence nous a placés.

SECTION IV.

De l'Envie.

Qu'est-ce que l'envie?

L'envie est une tristesse criminelle du bien de notre prochain.

Pourquoi l'envie est-elle un péché capital?

L'envie est un péché capital, parce qu'elle produit dans l'envieux la joie du malheur d'autrui, l'attention à nuire au prochain, la médisance et la calomnie.

En quoi consistent la médisance et la calomnie?

La médisance consiste à découvrir sans raison les défauts vrais, mais cachés du prochain; et la calomnie, à en inventer et en débiter de faux.

Quelle est la vertu opposée à l'envie?

La vertu opposée à l'envie est l'affection chrétienne, qui nous rend sensibles au bonheur et au malheur du prochain en vue de Dieu et du salut de nos frères.

SECTION V.

De la Gourmandise.

Qu'est-ce que la gourmandise?

La gourmandise est un amour déréglé pour le boire et pour le manger.

Pourquoi la gourmandise est-elle un péché capital?

La gourmandise est un péché capital, parce qu'elle produit l'intempérance, la sensualité, le mépris des lois de l'Église et la dissension.

Qu'est ce que l'intempérance?

L'intempérance est un excès en mangeant ou en buvant; et lorsque ce second excès est notable, il s'appelle ivrognerie.

Qu'est ce que la sensualité?

La sensualité est la recherche des mets exquis, ou la trop grande avidité en mangeant des viandes communes.

Comment la gourmandise produit-elle le mépris des lois de l'Église?

La gourmandise produit le mépris des lois de l'Église en inspirant de l'opposition pour les jeûnes et les abstinences que l'Église ordonne.

Comment la gourmandise produit-elle la dissension?

La gourmandise produit la dissension, parce qu'elle est la cause et l'occasion des querelles inséparables de la débauche.

Quelle est la vertu opposée à la gourmandise?

La vertu opposée à la gourmandise est la sobriété chrétienne, qui nous règle dans le boire et le manger selon la nécessité.

SECTION VI.

De la Colère.

Qu'est-ce que la colère?

La colère est un mouvement impétueux de notre âme, qui nous porte à repousser avec violence ce qui nous déplaît.

Pourquoi la colère est-elle un péché capital?

La colère est un péché capital, parce qu'elle produit les injures, les imprécations, le blasphème, la vengeance, et le scandale.

Comment la colère produit-elle des injures?

La colère produit des injures en faisant proférer des paroles contraires à la réputation de celui qu'elle attaque.

Qu'entendez-vous par les imprécations?

J'entends par les imprécations les paroles que l'homme en fureur profère contre son propre bonheur.

Qu'entendez-vous par les blasphèmes.

J'entends par les blasphèmes les paroles proférées contre le respect qui est dû à Dieu.

Qu'entendez-vous par les vengeances?

J'entends les violences que l'homme en colère exerce contre son prochain.

Qu'entendez-vous par le scandale?

J'entends que l'homme en colère est une occasion de chute pour le prochain dont il exerce et épuise la patience.

Toute colère est-elle un péché?

Non : il y a une sainte colère, lorsque le zèle nous porte à reprendre avec feu ceux que notre douceur n'a pu corriger.

Quelle est la vertu opposée à la colère?

La vertu opposée à la colère est la patience chrétienne, qui nous fait supporter en vue de Dieu les contradictions qui nous arrivent.

SECTION VII.

De la Paresse.

Qu'est-ce que la paresse?

La paresse est une négligence et un dégoût volontaire de ses devoirs.

Pourquoi la paresse est-elle un péché capital?

La paresse est un péché capital, parce qu'elle produit l'oisiveté, la pusillanimité, la perte du temps, l'inconstance, la tiédeur et l'insensibilité.

En quoi consiste l'oisiveté?

L'oisiveté consiste à ne remplir ni ses devoirs de religion, ni ceux de son propre état, ou à ne s'en acquitter que rarement et négligemment.

En quoi consiste la pusillanimité?

La pusillanimité consiste à se défier de ses forces dans les choses même les plus faciles.

En quoi consiste la perte du temps?

La perte du temps consiste à ne s'occuper que d'amusements inutiles.

En quoi consiste l'inconstance?

L'inconstance consiste à se gêner quelquefois pour faire son devoir, et à l'omettre plutôt que de continuer à se faire violence.

En quoi consiste la tiédeur?

La tiédeur consiste dans une dissipation d'esprit et dans une langueur de cœur, qui ne laissent aux paresseux aucun goût pour leurs devoirs.

En quoi consiste l'insensibilité?

L'insensibilité consiste à n'être ému ni par les avis, ni par les exhortations, ni par les bons exemples qui engagent à remplir des devoirs que la Religion et l'État prescrivent.

Quelle est la vertu opposée à la paresse?

La vertu opposée à la paresse est la vigilance

chrétienne, qui nous fait aimer nos devoirs, et nous rend prompts à les remplir en vue de Dieu et pour notre salut.

CHAPITRE XVI.

De l'état de l'Homme après sa mort.

Que devient l'homme après sa mort ?

L'homme étant mort, son âme, qui est immortelle, paraît devant Dieu pour lui rendre compte de ses actions ; et le corps se corrompt, en attendant qu'il ressuscite au jour du jugement général.

Quelle est la récompense que Dieu promet aux Justes ?

La récompense des Justes est la gloire éternelle de l'âme et du corps.

Quelle est la gloire de l'âme ?

La gloire de l'âme est de voir Dieu comme il est, de l'aimer, de le louer, et de le posséder à jamais dans le royaume des cieux.

Tous les Justes voient-ils Dieu incontinent après leur mort?

Tous les Justes ne voient pas Dieu incontinent après leur mort : il n'y a que ceux qui par la grâce du baptême ou du martyre, ou par une parfaite pénitence, sont quittes de toutes peines temporelles dues au péché.

Quel est l'état de ceux qui n'ont pas acquitté les peines dues à leurs péchés?

Ceux qui n'ont pas acquitté les peines dues à leurs péchés, achèvent de les expier par les peines du purgatoire, avant qu'ils jouissent de la vue de Dieu.

Pouvons-nous les soulager dans cet état?

Oui, nous les pouvons soulager par les prières, les jeûnes et les aumônes, et principalement par le sacrifice du Corps et du Sang de J. C., ainsi que l'Église l'a toujours observé.

Quelle est la gloire que Dieu prépare pour le corps?

La gloire que Dieu prépare pour le corps, est l'immortalité, l'impassibilité, et les autres qualités glorieuses dont il sera revêtu en ressuscitant.

Quelle est la peine des méchants?

Il y a deux sortes de peines pour les méchants qui meurent en péché mortel : celle de l'âme et celle du corps.

Quelle est la peine de leur âme?

La peine de leur âme est que sitôt qu'elle est séparée du corps, elle est pour jamais privée de voir Dieu, et tourmentée dans le feu de l'enfer.

Quelle est la peine de leur corps ?

La peine du corps sera de brûler éternellement après la résurrection.

au commencement de nos prières et de nos actions
principales, et quand nous sommes attaqués de quelque tentation , ou exposés à quelque danger.

CHAPITRE XVIII.

De l'Oraison dominicale.

— —

Qu'est-ce que l'Oraison dominicale ?

L'Oraison dominicale est une prière dont Notre-Seigneur lui-même est l'auteur, et qu'il nous a enseignée.

Récitez-la en latin.

Pater noster, qui es in cœlis, sanctificetur nomen tuum ; adveniat regnum tuum ; fiat voluntas tua, sicut in cœlo et in terrà ; panem nostrum quotidianum da nobis hodiè ; et dimitte nobis debita nostra, sicut et nos dimittimus debitoribus nostris ; et ne nos inducas in tentationem ; sed libera nos a malo. Amen.

Récitez-la en français.

Notre Père, qui êtes aux·cieux, que votre nom soit sanctifié; que votre règne arrive; que votre volonté soit faite en la terre comme au ciel : donnez-nous aujourd'hui notre pain quotidien : et nous pardonnez nos offenses comme nous pardonnons a ceux qui nous ont offensés : et ne nous induisez point en tentation; mais délivrez-nous du mal. Ainsi soit-il.

Pourquoi dites-vous notre Père ?

Je dis notre Père, parce qu'il nous donne et nous conserve la vie, et que nous sommes ses enfants et les héritiers de sa gloire.

Pourquoi ne dites-vous pas mon Père ?

Je ne dis pas mon Père, parce qu'ayant le même Père, espérant de lui le même héritage, nous ne devons pas seulement prier pour nous, mais encore pour tous les Fidèles qui sont nos frères.

Pourquoi dites-vous : Qui êtes aux cieux ?

Je dis qu'il est aux cieux, parce qu'encore que Dieu soit partout, nous regardons particulièrement le ciel comme le trône de sa gloire.

Expliquez la première demande : Que votre nom soit sanctifié.

C'est-à-dire, que vous soyez connu, aimé, adoré et glorifié.

6.

Expliquez la seconde : Que votre règne arrive.

C'est-à-dire, que vous régniez dès à présent dans nos cœurs par la grâce, et que vous nous fassiez régner avec vous dans la gloire.

Expliquez la troisième : Que votre volonté soit faite en la terre comme au ciel.

C'est-à-dire, que vous soyez obéi sur la terre par les hommes, comme vous êtes obéi dans le ciel par les esprits bienheureux.

Expliquez la quatrième : Donnez-nous aujourd'hui notre pain quotidien.

C'est-à-dire, donnez-nous ce qui nous est nécessaire chaque jour pour la vie de l'âme et du corps.

Expliquez la cinquième : Et nous pardonnez nos offenses.

C'est-à-dire, accordez-nous le don d'une véritable pénitence, et le pardon de nos péchés.

Pourquoi dites-vous : Comme nous pardonnons à ceux qui nous ont offensés?

Parce que le pardon que nous accordons à nos ennemis est la mesure du pardon que nous demandons à Dieu pour nos péchés.

Expliquez la sixième: Et ne nous induisez point en tentation.

C'est-à-dire, ayant égard à notre faiblesse, ou détournez la tentation, ou donnez-nous la grâce de la surmonter.

Expliquez la septième : Mais délivrez-nous du mal.

C'est-à-dire, délivrez-nous des misères de cette vie, des ennemis de notre salut, et de la damnation éternelle.

CHAPITRE XIX.

De la Salutation angélique.

— —

Qu'est-ce que la Salutation angélique ?

La Salutation angélique est une prière qui est composée des paroles de l'Ange Gabriel, d'Élisabeth, et de l'Église.

Dites-la en latin.

Ave, Maria, gratià plena, Dominus tecum : benedicta tu in mulieribus, et benedictus fructus ventris tui Jesus.

Sancta Maria mater Dei, ora pro nobis peccatoribus nunc et in horà mortis nostræ. Amen.

Dites-la en français.

Je vous salue, Marie, pleine de grâce, le Seigneur est avec vous : vous êtes bénie entre toutes les femmes, et Jésus, le fruit de votre ventre, est béni.

Sainte Marie, mère de Dieu, priez pour nous, pauvres pécheurs, maintenant et à l'heure de notre mort. Ainsi soit-il.

Quelles sont les paroles de l'Ange Gabriel?

Ce sont les paroles que l'Ange Gabriel dit à la sainte Vierge en lui annonçant le mystère de l'Incarnation : Je vous salue, pleine de grâce; le Seigneur est avec vous : vous êtes bénie entre toutes les femmes.

Quelles sont celles d'Élisabeth?

Les paroles d'Élisabeth sont celles qu'elle dit à la sainte Vierge lorsqu'elle fut honorée de sa visite : Vous êtes bénie entre toutes les femmes, et le fruit de votre ventre est béni.

Qelles sont celles de l'Église?

Ce sont les paroles que l'Église a jointes à celles de l'Ange et d'Élisabeth : Sainte Marie, mère de Dieu, priez pour nous, pauvres pécheurs, maintenant et à l'heure de notre mort. Ainsi soit-il.

Pourquoi faisons-nous cette prière?

Nous faisons cette prière, 1. pour remercier Dieu du mystère de l'Incarnation ; 2. pour honorer et féliciter la sainte Vierge, dans le sein de laquelle ce mystère a été accompli ; 3. pour demander à la sainte Vierge son intercession auprès de Dieu

Pourquoi l'Église appelle-t-elle la sainte Vierge Mère de Dieu?

L'Église appelle la sainte Vierge Mère de Dieu, parce qu'elle a conçu et enfanté Jésus-Christ qui est Dieu.

INSTRUCTION

Pour préparer à la Confirmation.

ARTICLE I.

Du Sacrement de Confirmation en général.

Qu'est-ce que la Confirmation ?

La Confirmation est un Sacrement qui nous donne le Saint-Esprit avec l'abondance de ses grâces, pour nous rendre parfaits Chrétiens, et pour nous faire confesser la foi de Jésus-Christ même au péril de notre vie.

Pourquoi ce Sacrement est-il nommé Confirmation ?

Ce Sacrement est nommé Confirmation, parce qu'il nous confirme et qu'il nous affermit dans la profession de la Foi.

Ce Sacrement est-il absolument nécessaire pour être sauvé ?

Non ; mais ceux qui négligent par paresse ou par mépris de le recevoir se rendent coupables d'un grand péché, et se privent de l'abondance des grâces que ce Sacrement communique.

Que faut-il faire pour recevoir cette abondance de grâces ?

Il faut recevoir la Confirmation avec de bonnes dispositions.

Quelles sont ces dispositions ?

Il y a quatre principales dispositions.

Quelle est la première ?

La première est d'être baptisé.

Quelle est la seconde ?

La seconde est d'être instruit des principaux mystères de la Foi.

Quelle est la troisième ?

La troisième est d'avoir un grand désir de recevoir ce Sacrement.

Quelle est la quatrième ?

La quatrième est d'avoir la conscience purgée de tout péché.

Que faut-il faire quand on est coupable de quelque péché?

Quand on est coupable de quelque péché, il faut, avant de recevoir la Confirmation, purifier son âme par le Sacrement de Pénitence.

Celui qui recevrait ce Sacrement en état de péché mortel ferait-il mal?

Celui qui recevrait ce Sacrement en péché mortel commettrait un sacrilége, et ne recevrait pas les grâces du Sacrement.

ARTICLE II.

Effets de la Confirmation en général, et des deux premiers en particulier.

Quels sont les effets du Sacrement de Confirmation?

Le Sacrement de Confirmation a cinq effets :

1. Il nous donne le Saint-Esprit.
2. Il nous le donne avec l'abondance de ses grâces.
3. Il nous fait parfaits Chrétiens.
4. Il nous donne la force de confesser la foi de Jésus-Christ, même au péril de notre vie.
5. Il imprime dans notre âme un caractère ou une marque spirituelle qui ne s'efface point.

Qu'entendez-vous lorsque vous dites que le Sacrement de Confirmation nous donne le Saint-Esprit?

J'entends que la troisième personne de la sainte Trinité vient habiter d'une manière particulière dans ceux qui reçoivent ce Sacrement avec de bonnes dispositions.

En a-t-on quelque preuve dans l'Écriture sainte ?

Oui, il est rapporté au livre des Actes des Apôtres, que souvent le Saint-Esprit descendait d'une manière visible sur ceux qui recevaient la Confirmation.

Le Saint Esprit descend-il visiblement sur ceux qui le reçoivent maintenant ?

Non, mais il vient invisiblement dans leur âme.

Pourquoi ce miracle ne se fait-il plus ?

C'est que les miracles étaient nécessaires pour la conversion des infidèles, et qu'aujourd'hui nous n'en avons pas besoin pour croire tout ce que la Foi nous enseigne.

Quel est le second effet de la Confirmation ?

Le second effet est de nous donner l'abondance des grâces du Saint-Esprit.

Quelles grâces communique-t-elle plus particulièrement ?

Les grâces qu'elle communique sont celles qu'on appelle ordinairement les dons du Saint-Esprit.

Quels sont ces dons ?

Il y en a sept, savoir : la Sagesse, l'Intelligence, la Science, le Conseil, la Piété, la Force, et la Crainte de Dieu.

ARTICLE III.

Des trois derniers effets de la Confirmation.

Quel est le troisième effet de la Confirmation ?

Le troisième effet de la Confirmation est de nous rendre parfaits Chrétiens.

Comment la Confirmation nous rend-elle parfaits Chrétiens ?

La Confirmation nous rend parfaits Chrétiens en augmentant et en fortifiant en nous la grâce du Baptême.

Quel est le quatrième effet de ce Sacrement ?

Le quatrième effet de ce Sacrement est de nous donner la force de confesser la foi de Jésus-Christ, même au péril de notre vie.

Qu'entendez-vous par confesser la foi de Jésus-Christ même au péril de sa vie ?

J'entends suivre et pratiquer les maximes de l'Évangile, sans craindre ceux qui par menaces ou par violence voudraient nous en empêcher.

Que faisaient les Chrétiens lorsqu'il y avait des tyrans qui les faisaient mourir ?

Les Chrétiens du temps des tyrans étaient ravis de répandre leur sang, plutôt que de dissimuler tant soit peu leur Religion.

Comment appelle-t-on ceux qui sont ainsi morts ?

On les appelle Martyrs.

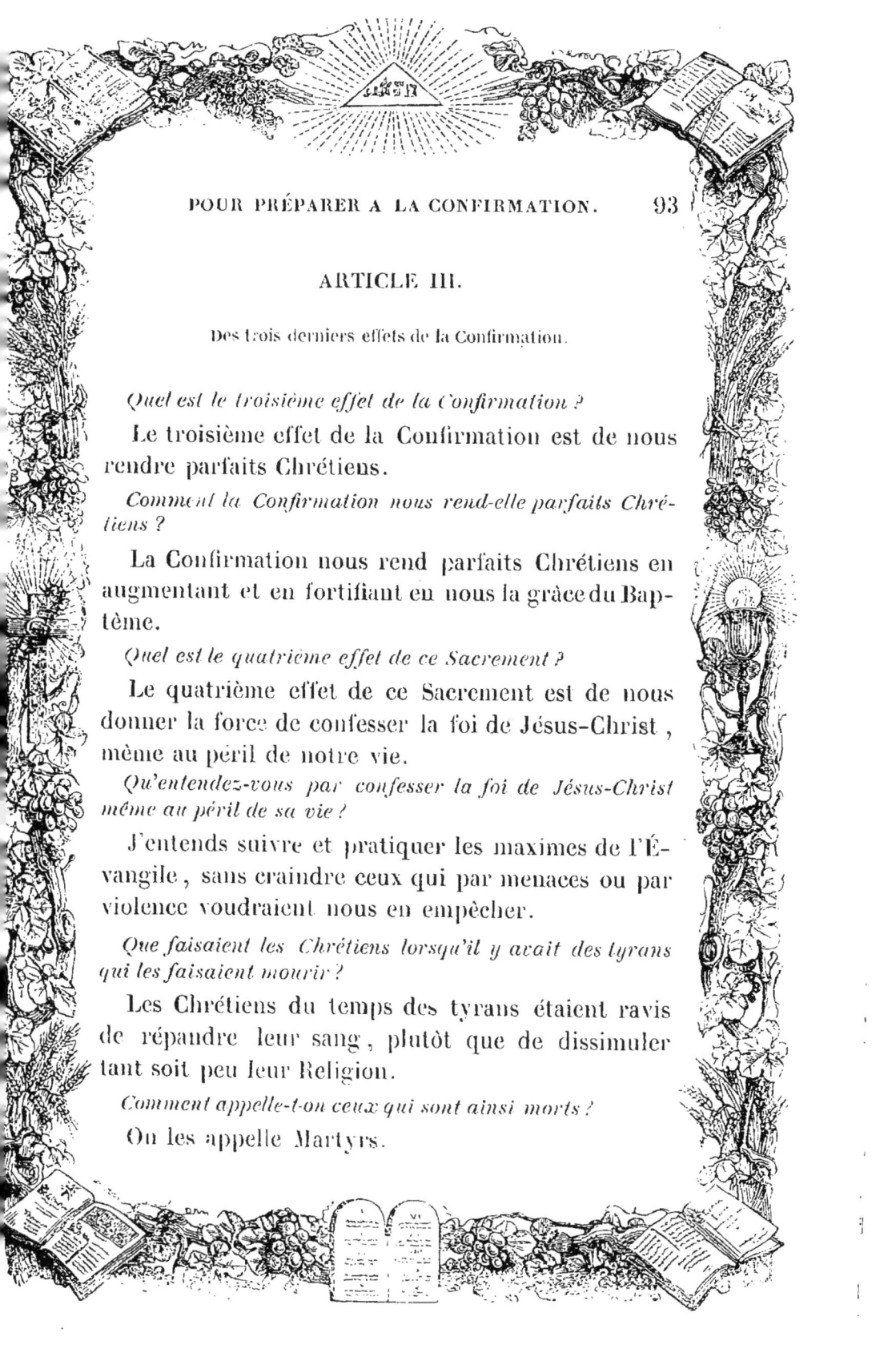

Qu'est-ce qui nous donne la force de mépriser de la sorte les tourments et la mort?

C'est la grâce de Dieu, qui nous est donnée particulièrement par le Sacrement de Confirmation.

Ce Sacrement est-il encore nécessaire, aujourd'hui qu'il n'y a plus de tyrans qui persécutent les Chrétiens?

Oui, parce qu'il y a des libertins qui méprisent et qui raillent ceux qui pratiquent les maximes de l'Évangile.

Que fait la grâce de la Confirmation?

La grâce de la Confirmation donne la force de ne craindre ni les railleries ni les mépris.

A quoi sert encore la vertu de ce Sacrement?

La vertu de ce Sacrement sert à éloigner des plaisirs du monde, à mortifier les passions, et à résister aux tentations du démon.

Quel est le cinquième effet de la Confirmation?

Le cinquième effet est le caractère ineffaçable qu'il imprime dans nos âmes.

Que produit en nous ce caractère?

Ce caractère nous marque pour être les soldats de Jésus-Christ et les ennemis du démon ; il empêche encore qu'on ne puisse réitérer ce Sacrement.

ARTICLE IV.

Des cérémonies de la Confirmation.

De qui doit on recevoir la Confirmation ?

C'est de l'Évêque seul qu'on doit la recevoir.

Quelles sont les cérémonies principales qu'il emploie pour donner ce Sacrement ?

1. Il récite des prières. 2. Il impose les mains sur ceux qu'il confirme. 3. Il leur fait une onction sur le front avec le saint Chrême. 4. Il fait sur eux le signe de la Croix. 5. Il les touche sur la joue, comme s'il leur donnait un petit soufflet.

Pourquoi l'Évêque récite t il des prières ?

L'Évêque récite des prières pour attirer les grâces de Dieu sur ceux qu'il va confirmer.

Que signifie l'imposition des mains ?

L'imposition des mains marque que le Saint-Esprit vient reposer dans l'âme de celui qui reçoit comme il faut ce Sacrement.

Qu'est-ce que le saint Chrême dont il fait une onction sur le front ?

Le saint Chrême est de l'huile d'olive mêlée de baume, que l'Évêque consacre le jeudi saint.

Pourquoi emploie-t-on l'huile dans cette onction ?

L'huile est employée pour marquer l'abondance, la douceur et la force de la grâce que le Saint-Esprit répand en celui qui est confirmé.

Que désigne le baume mêlé avec l'huile ?

Le baume mêlé avec l'huile désigne, par sa bonne odeur, que le Chrétien confirmé doit en tous lieux donner de bons exemples.

Pourquoi l'onction est-elle faite sur le front ?

L'onction se fait sur le front pour marquer que celui qui est confirmé ne doit point rougir de professer la foi et les maximes de Jésus-Christ.

Pourquoi l'Évêque fait-il le signe de la Croix sur celui qui est confirmé ?

L'Évêque fait le signe de la Croix pour marquer que toute la vertu du Sacrement vient de la Croix et des souffrances de Jésus-Christ.

Pourquoi le touche-t-il sur la joue, comme s'il lui donnait un petit soufflet ?

Afin de lui apprendre à souffrir les peines et les affronts pour Jésus-Christ.

ARTICLE V

Des dispositions pour recevoir la Confirmation.

Avec quelles dispositions doit-on recevoir le Sacrement de Confirmation ?

Les unes regardent le corps, et les autres l'âme.

Quelles sont celles qui regardent le corps ?

On doit être modestement vêtu, à genoux devant l'Évêque, avoir les yeux baissés, la tête droite.

Quelles sont celles de l'âme ?

Il faut avoir un grand désir de recevoir le Saint-Esprit, produire des Actes de Foi et d'Humilité, et enfin des Actes d'Amour pour l'Esprit-Saint qui veut bien venir en nous.

A quoi doit-on prendre garde quand on a reçu l'onction ?

A ne pas toucher le front avec la main, de peur de profaner le saint Chrême ; mais attendre qu'il ait été essuyé par un Prêtre, ou qu'on ait attaché un bandeau.

ARTICLE VI.

De ce qu'il faut faire après avoir reçu le sacrement de Confirmation.

Que doit-on faire après avoir reçu le Sacrement de Confirmation ?

On doit se retirer à l'écart pour prier Dieu avec moins de distraction ; et, étant à genoux, il faut,

1. Remercier Dieu de la grâce qu'on vient de recevoir ; 2. se consacrer entièrement au Saint-Esprit ; 3. lui demander de conserver en nous l'abondance de ses grâces ; 4. faire la résolution de pratiquer les maximes de l'Évangile.

Que faut-il faire pour conserver l'abondance des grâces du Saint-Esprit ?

Il faut faire trois choses principales : 1. Renouveler souvent le souvenir du Sacrement qu'on a reçu ; 2. demander à Dieu qu'il nous en conserve les précieux effets, 3. éviter particulièrement les péchés opposés à la grâce de la Confirmation.

Quels sont ces péchés ?

1. C'est de parler sans respect des Mystères de la Religion, et souffrir qu'on en parle ainsi en notre présence ;

2. D'avoir honte de pratiquer les bonnes œuvres ;

3. De dissimuler sa foi et sa religion.

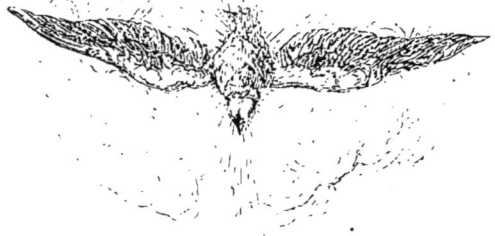

INSTRUCTION

Pour préparer à la première Communion.

ARTICLE 1.

De l'Eucharistie en général

Qu'est-ce que l'Eucharistie ?

L'Eucharistie est un Sacrement qui contient réellement et en vérité, le Corps, le Sang, l'Ame et la Divinité de Notre Seigneur Jésus-Christ, sous les espèces du pain et du vin.

Qu'entendez-vous par les espèces ?

Par les espèces, j'entends ce qui paraît à nos sens, comme la couleur, la figure et le goût.

7.

N'y reste-t-il plus de pain ni de vin ?

Il ne reste plus de pain ni de vin : la substance du pain est changée en celle du Corps de Jésus-Christ, et la substance du vin en celle de son Sang.

Comment appelle-t-on ce changement ?

Ce changement s'appelle transsubstantiation, c'est-à-dire, changement d'une substance en une autre.

Comment se fait ce changement ?

Ce changement se fait par la vertu toute-puissante des paroles de Jésus-Christ, que le Prêtre prononce en son nom.

N'y a-t-il que le Corps sous l'espèce du pain, et que le Sang sous l'espèce du vin ?

Jésus-Christ est tout entier sous chacune des deux espèces, et tout entier sous chaque partie des mêmes espèces.

Quand le Prêtre rompt l'Hostie consacrée, rompt-il le Corps de Jésus-Christ ?

Non, Jésus-Christ est sous les espèces d'une manière indivisible.

Quand l'Hostie est partagée, sous quelle partie est Jésus-Christ ?

Jésus-Christ est tout entier en chaque partie.

Jésus-Christ quitte-t-il le ciel pour venir dans l'Eucharistie ?

Non, il est tout à la fois au ciel et sous chacune des Hosties consacrées dans le monde entier.

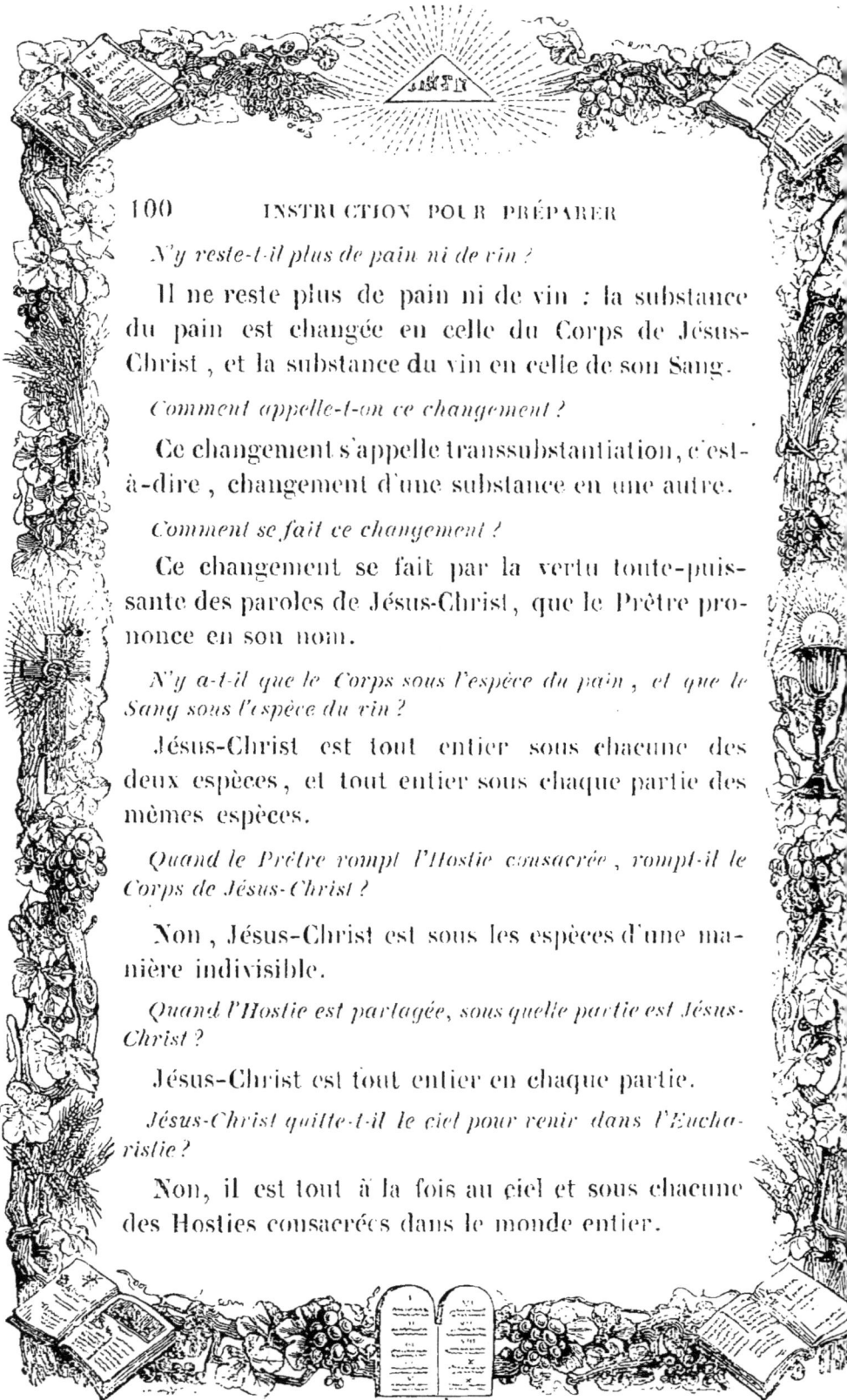

Comment cela se peut il faire ?

Cela se fait par la toute-puissance de Dieu, qui peut tout ce qu'il veut.

ARTICLE II.

De la Communion en général.

Qu'est-ce que communier ?

Communier est recevoir le Sacrement de l'Eucharistie.

Est-ce le vrai Corps de Jésus-Christ qu'on reçoit dans la sainte Communion ?

Oui, c'est le même qu'il a pris dans le sein de la sainte Vierge, le même qui a été attaché à la Croix, et qui est maintenant dans le Ciel.

Quels sont les effets de la Communion ?

Il y a quatre principaux effets de la Communion.

Quel est le premier ?

Le premier est de nous unir intimement, et nous incorporer à Jésus-Christ, non-seulement par la foi et la charité, mais aussi par la présence réelle de sa chair sacrée et de son précieux sang.

Quel est le second ?

Le second est d'augmenter, affermir et conserver en nous la vie spirituelle de la grâce.

Quel est le troisième ?

Le troisième est d'affaiblir la concupiscence, et modérer la violence de nos passions.

Quel est le quatrième ?

Le quatrième est de nous donner le gage de la vie éternelle et de la résurrection glorieuse.

Qui sont ceux en qui la sainte Communion produit tous ces effets ?

Ce sont ceux qui communient avec de bonnes dispositions.

ARTICLE III.

Des dispositions à la sainte Communion , et en particulier des dispositions de l'âme.

Quelles sont les dispositions pour bien communier ?

Il y a deux sortes de dispositions : les unes regardent l'âme et les autres le corps.

Quelles sont les dispositions de l'âme ?

Il y a deux principales dispositions.

Quelle est la première ?

La première est de s'éprouver soi-même ; et si on se sent coupable de quelque péché mortel , il faut avoir recours au Sacrement de Pénitence.

Est-ce assez de n'avoir sur sa conscience aucun péché mortel ?

Il faudrait encore être exempt de l'affection au péché véniel.

Qu'entendez-vous par être exempt de l'affection au péché véniel ?

J'entends être dans la volonté de n'en commettre aucun de propos délibéré.

Quelle est la seconde disposition pour recevoir le Sacrement de l'Eucharistie.

La seconde est de s'en approcher avec une foi vive, une ferme espérance, une charité ardente, et avec de profonds sentiments d'humilité, d'adoration et de reconnaissance.

En quoi consiste la foi vive ?

La foi vive consiste, 1. à savoir distinctement les principaux articles de la foi.

2. À croire fermement que c'est Jésus-Christ lui-même, notre Sauveur et notre Dieu, que nous devons recevoir.

3. À faire une attention actuelle au grand honneur qu'il nous fait en venant en nous.

En quoi consiste la ferme espérance ?

La ferme espérance consiste à espérer de la bonté de Notre Seigneur, que nonobstant notre indignité. il voudra bien se donner à nous avec toutes ses grâces.

En quoi consiste la charité ardente ?

La charité ardente consiste à désirer ardemment de s'unir à Jésus-Christ, et à se consacrer à lui sans réserve.

ARTICLE IV.

Des Vertus théologales.

Combien y a-t-il de Vertus théologales ?

Il y a trois Vertus théologales : la Foi, l'Espérance et la Charité.

Qu'entend-on par Vertus théologales ?

Une Vertu théologale est un don surnaturel, qui a Dieu pour objet.

Comment la Foi a-t-elle Dieu pour objet ?

La Foi a Dieu pour objet, parce qu'elle nous porte à croire en lui.

Comment l'Espérance et la Charité ont-elles Dieu pour objet ?

Elles ont Dieu pour objet, parce que l'Espérance nous porte à espérer en Dieu, et la Charité à l'aimer.

ARTICLE V.

De la Foi.

Qu'est-ce que la Foi ?

La Foi est une vertu par laquelle nous croyons toutes les vérités que Dieu a révélées, et qu'il nous propose par son Église.

Pourquoi croyons-nous ce que Dieu a révélé ?

C'est que Dieu ne peut ni nous tromper, ni être trompé.

Où est contenu ce que Dieu a révélé ?

Ce que Dieu a révélé est contenu dans l'Écriture sainte et dans la Tradition.

Suffit-il de croire en général tout ce que l'Église croit ?

Il faut, pour être sauvé, croire en particulier

les mystères de la Sainte-Trinité, de l'Incarnation et de la Rédemption.

Faites un Acte de Foi.

Mon Dieu, je crois fermement toutes les vérités que vous avez révélées, et que l'Église me propose de croire, parce que vous ne pouvez mentir.

ARTICLE VI.

De l'Espérance et de la Charité.

Qu'est-ce que l'Espérance ?

L'Espérance est une vertu par laquelle nous attendons avec une ferme confiance de la bonté de Dieu, notre salut éternel, et les grâces dont nous avons besoin pour y arriver.

Quels sont les fondements de notre Espérance ?

Les fondements de notre Espérance sont, 1. la puissance de Dieu ; 2. sa bonté ; 3. ses promesses en vue des mérites de Jésus-Christ ; 4. et sa fidélité à tenir ces mêmes promesses.

Faites un acte d'Espérance.

Mon Dieu, j'espère en vous, et mon salut, par les mérites de Jésus-Christ mon Sauveur.

Qu'est-ce que la Charité ?

La Charité est une vertu par laquelle nous aimons

Dieu par-dessus toutes choses, parce qu'il est infiniment bon et infiniment aimable, et notre prochain comme nous-mêmes pour l'amour de Dieu.

Qu'est-ce qu'aimer Dieu par-dessus toutes choses?

Aimer Dieu par-dessus toutes choses, c'est le préférer à tout, et aimer mieux mourir que de l'offenser.

Faites un acte de Charité ou d'Amour de Dieu.

Mon Dieu, je vous aime par-dessus toutes choses, parce que vous êtes infiniment bon et infiniment aimable.

Qu'est-ce qu'aimer son prochain comme soi-même ?

C'est lui désirer et lui procurer le même bien qu'à soi.

Faites un Acte d'Amour du prochain.

Mon Dieu, j'aime mon prochain comme moi-même, pour l'amour de vous.

ARTICLE VII.

De la nécessité de la Foi, de l'Espérance et de la Charité.

La Foi, l'Espérance et la Charité sont-elles nécessaires pour être sauvé?

Sans la Foi, l'Espérance et la Charité, il n'y a point de salut.

Sommes-nous obligés de faire des Actes de ces vertus ?

Nous ne saurions en faire trop souvent ; mais nous y sommes principalement obligés en quatre occasions.

Quelle est la première ?

C'est lorsque nous commençons a avoir l'usage de raison.

Quelle est la seconde ?

C'est lorsque nous sommes tentés contre la Foi, l'Espérance et la Charité.

Quelle est la troisième ?

C'est lorsque nous recevons les Sacrements.

Quelle est la quatrième ?

C'est à l'article de la mort.

ARTICLE VIII.

Des dispositions du corps pour la sainte Communion.

Quelles sont les dispositions du corps ?

Il y a deux principales dispositions du corps.

Quelle est la première ?

La première est d'être à jeun, si ce n'est qu'on reçût ce Sacrement en maladie comme Viatique.

Qu'entendez-vous par être a jeun ?

C'est-à-dire, n'avoir ni bu ni mangé depuis minuit.

Ferait-on un grand mal si on communiait après avoir bu ou mangé depuis minuit ?

Oui, ce serait un grand péché.

Quelle est la deuxième disposition qui regarde le corps ?

La deuxième est d'être à genoux, et avoir un extérieur le plus modeste, le plus recueilli et le plus respectueux qu'il est possible.

Pourquoi faut-il avoir ces dispositions ?

C'est par respect pour JÉSUS-CHRIST qu'on doit recevoir.

ARTICLE IX.

De ce qu'il faut faire immédiatement avant la Communion.

Est-il absolument nécessaire d'entendre la Messe avant que de recevoir la Communion ?

C'est la coutume des Fidèles d'en user ainsi, et il ne faut pas s'en dispenser sans nécessité.

De quoi doit-on s'occuper pendant la Messe ?

Il faut s'occuper de la grandeur du Sacrement qu'on va recevoir, et produire dans son cœur des Actes de Foi, de Contrition, d'Humilité, d'Amour et de Désir de recevoir le Fils de Dieu.

Faites un Acte de Foi.

Mon Sauveur JÉSUS-CHRIST, je crois plus fermement que si je le voyais des yeux du corps, que c'est vous-même que je vais recevoir en recevant le Saint Sacrement.

Faites un Acte de Contrition.

Mon Dieu, j'ai un extrême regret de vous avoir offensé, parce que vous êtes infiniment bon et que le péché vous déplaît : pardonnez-moi par les mérites de Jésus-Christ. Je fais un ferme propos, moyennant votre sainte grâce, de ne plus jamais vous offenser.

Faites un Acte d'Humilité.

Mon Dieu, je suis indigne que vous entriez en moi, mais j'espère en votre bonté infinie ; dites seulement une parole, et mon âme sera guérie de toutes misères.

Faites un Acte d'Amour.

Mon Dieu, je vous aime de tout mon cœur, et par-dessus tout ce que j'ai de plus cher au monde.

Faites un acte de Désir.

Venez, ô divin Jésus, venez dans mon cœur : délivrez-le de tous ses maux, comblez-le de vos biens et de vos grâces ; il désire ardemment de vous recevoir.

Suffit-il de prononcer ces Actes de bouche ?

Non, il ne suffit pas ; il faut les dire du fond du cœur, et exciter en son âme les sentiments que ces actes expriment.

ARTICLE X.

De la manière de recevoir la sainte Communion.

Que faut-il faire quand le temps de recevoir la Communion est venu ?

Il faut se mettre à genoux devant l'Autel où l'on doit communier, et s'y tenir avec une contenance modeste.

Comment faut-il tenir la nappe de Communion ?

Il faut étendre la nappe sur les mains, de manière que si l'Hostie échappait des mains du Prêtre, elle pût tomber sur la nappe.

Comment faut-il tenir sa tête, lorsque le Prêtre est près de donner la sainte Hostie ?

On doit la tenir ferme et droite, et avoir les yeux baissés ou arrêtés sur la sainte Hostie.

Quand le Prêtre présente la sainte Hostie, comment faut-il la recevoir ?

Il faut ouvrir la bouche médiocrement, et avoir la langue un peu avancée sur la lèvre de dessous.

Que faut-il faire quand on l'a reçue dans la bouche ?

Il faut fermer les lèvres, laisser un peu humecter la sainte Hostie, et l'avaler aussitôt avec révérence.

Si, malgré ces précautions, la sainte Hostie s'attachait au palais, que faudrait-il faire ?

Il faudrait ne s'en point troubler, mais la détacher doucement avec la langue, sans y porter les doigts.

De quoi faut-il s'occuper dans le temps qui précède immédiatement la Communion, et dans le temps même qu'on communie ?

Il faut renouveler dans son cœur les Actes de Foi, de Contrition, d'Humilité, d'Amour et de Désir, en s'abstenant de prononcer aucune prière vocale.

ARTICLE XI.

De l'Action de grâces.

Que faut-il faire quand on a reçu la sainte Hostie ?

Il faut adorer profondément Jésus-Christ, le remercier des grâces qu'on a reçues de lui, et lui demander ses besoins.

Faites un Acte d'Adoration.

Mon Sauveur, je vous adore comme mon Créateur, je m'unis aux adorations profondes que les Anges et les Saints vous rendent dans le ciel, et j'offre à la Sainte Trinité toutes celles que vous lui rendez dans le Saint Sacrement.

Faites un Acte de Remercîment.

Mon Sauveur, je vous remercie de tout mon cœur

de toutes les grâces que j'ai reçues de vous, et particulièrement de la bonté infinie avec laquelle vous avez bien voulu vous donner à un pauvre pécheur comme moi, qui en suis indigne.

Faites un Acte de Demande.

Divin Sauveur, vous connaissez les besoins de mon âme, remédiez à sa faiblesse et à sa pauvreté, et surtout augmentez en moi votre saint amour et la crainte de vous offenser. Secourez, Seigneur, votre sainte Église dans tous ses besoins, sanctifiez ceux qui sont dans son sein, et surtout mes parents, mes amis et mes ennemis, mes supérieurs et mes bienfaiteurs; faites à nous tous la grâce de vous servir uniquement.

Quelle résolution faut-il prendre avant que de finir l'action de grâces?

Il faut prendre, 1. celle de se corriger des défauts auxquels on est le plus sujet; 2. celle de sacrifier à Jésus-Christ tous les attachements qui nous empêchent de le servir comme il faut.

Que faut-il faire pendant le reste du jour auquel on a communié?

Il faut le passer, autant qu'on le peut, dans la retraite; entendre le sermon, s'il y en a; assister aux Offices de l'Église, et le reste du temps, s'occuper de quelque bonne lecture.

ARTICLE XII.

De la Communion indigne, et de la Communion tiède.

Ceux qui communient en péché mortel reçoivent-ils le corps et le sang de Jésus-Christ ?

Oui, mais ils ne reçoivent pas les grâces ; et, au contraire, ils mangent et ils boivent leur jugement et leur condamnation.

Quel crime commettent ceux qui communient en péché mortel ?

Ils commettent un horrible sacrilége, et ils se rendent coupables de la profanation du corps et du sang de Jésus-Christ.

Comment appelle-t-on la Communion faite en péché mortel ?

On l'appelle une Communion indigne.

Qui sont ceux qui s'exposent à faire des Communions indignes ?

1. Ceux qui ne s'examinent pas comme il faut ; 2. ceux qui n'osent pas accuser à confesse tous leurs péchés ; 3. ceux qui ne prennent aucun soin pour s'en corriger.

Qu'entendez-vous par une Communion tiède ?

J'entends celle qui se fait avec peu de préparation et sans dévotion.

Qui sont ceux qui font plus ordinairement de ces sortes de Communions ?

Ce sont ceux qui n'ont point assez d'horreur du

péché véniel, qui sont attachés aux biens de la terre et aux plaisirs de la vie, ou qui sont négligents dans la pratique des bonnes œuvres.

Que devons-nous penser de ces Communions ?

Nous devons les craindre extrèmement, et les éviter avec soin.

ARTICLE XIII.

De la bonne Communion, et des moyens d'en conserver la grâce.

Qu'entendez-vous par une bonne Communion ?

J'entends celle que l'on fait avec la ferveur et la dévotion que demande une action aussi sainte.

Quels en sont les avantages ?

Le premier, est l'augmentation des grâces de Dieu.

Le second, est la force que l'on reçoit contre les tentations.

Le troisième, est la joie et la consolation intérieures que ressent celui qui communie ainsi.

De quels moyens peut-on se servir pour conserver ces avantages ?

Le premier et le principal est de désirer de communier souvent, et de le faire avec dévotion.

Avez-vous encore quelques autres moyens ?

Oui, en voici plusieurs : 1. Entendre tous les jours la sainte Messe avec attention ; 2. fuir les moindres apparences du péché, et tout ce qui pourrait y donner occasion ; 3. assister, les jours de Dimanche, au Prône et à l'Office de l'Église, et, le reste du jour, s'occuper de la lecture de quelque bon livre ; 4. continuer d'assister au Catéchisme.

PRIÈRE

Pour le renouvellement des voeux du Baptême.

Grâces vous soient rendues, ô mon Dieu ! pour
le don ineffable que vous m'avez fait. J'étais dans
les ténèbres, et vous m'en avez tiré pour m'appeler
à votre admirable lumière. J'étais mort par le péché,
et vous, mon Dieu ! qui êtes riche en miséricorde,
vous m'avez rendu la vie en Jésus-Christ par l'eau
de la régénération. J'étais, par ma naissance, enfant

de colère, et vous m'avez rendu participant de la nature divine par le renouvellement du Saint-Esprit,
que vous avez répandu sur moi avec une riche effu-
sion ; afin qu'étant justifié par votre grâce, je devienne héritier de la vie éternelle. Qu'il est juste
que je vous aime, ô mon Père ! puisque vous m'avez
tant aimé le premier. Et comment, après être mort
au péché, serais-je assez malheureux pour vivre encore dans le péché ! Que je n'oublie jamais, mon
Dieu ! qu'en recevant le Baptême de Jésus-Christ, je
me suis dépouillé du vieil homme, qui se corrompt
en suivant l'illusion de ses passions, et que j'ai été
revêtu de l'homme nouveau, qui est Jésus-Christ
même. Que je n'aime donc ni le monde, ni ce qui
est dans le monde ; mais qu'ayant le bonheur d'être
à Jésus-Christ, je crucifie ma chair avec ses passions
et ses désirs déréglés. Que je vive par l'esprit de Jésus-Christ, et que je sois dans les mêmes dispositions
et les mêmes sentiments où il a été ; que je sois devant vous, ô mon Dieu ! comme un enfant nouvelle-
ment né, éloigné de toute sorte de malice, de trom-
perie et de dissimulation, et soupirant ardemment
après le lait spirituel et tout pur de votre parole,
qui me fasse croître pour le salut. Ne permettez pas
que j'attriste jamais, par le péché, votre Esprit saint,
dont vous m'avez marqué comme d'un sceau, et que
vous m'avez donné pour arrhe de l'immortalité qui
m'a été promise. Que je porte, par votre grâce, les

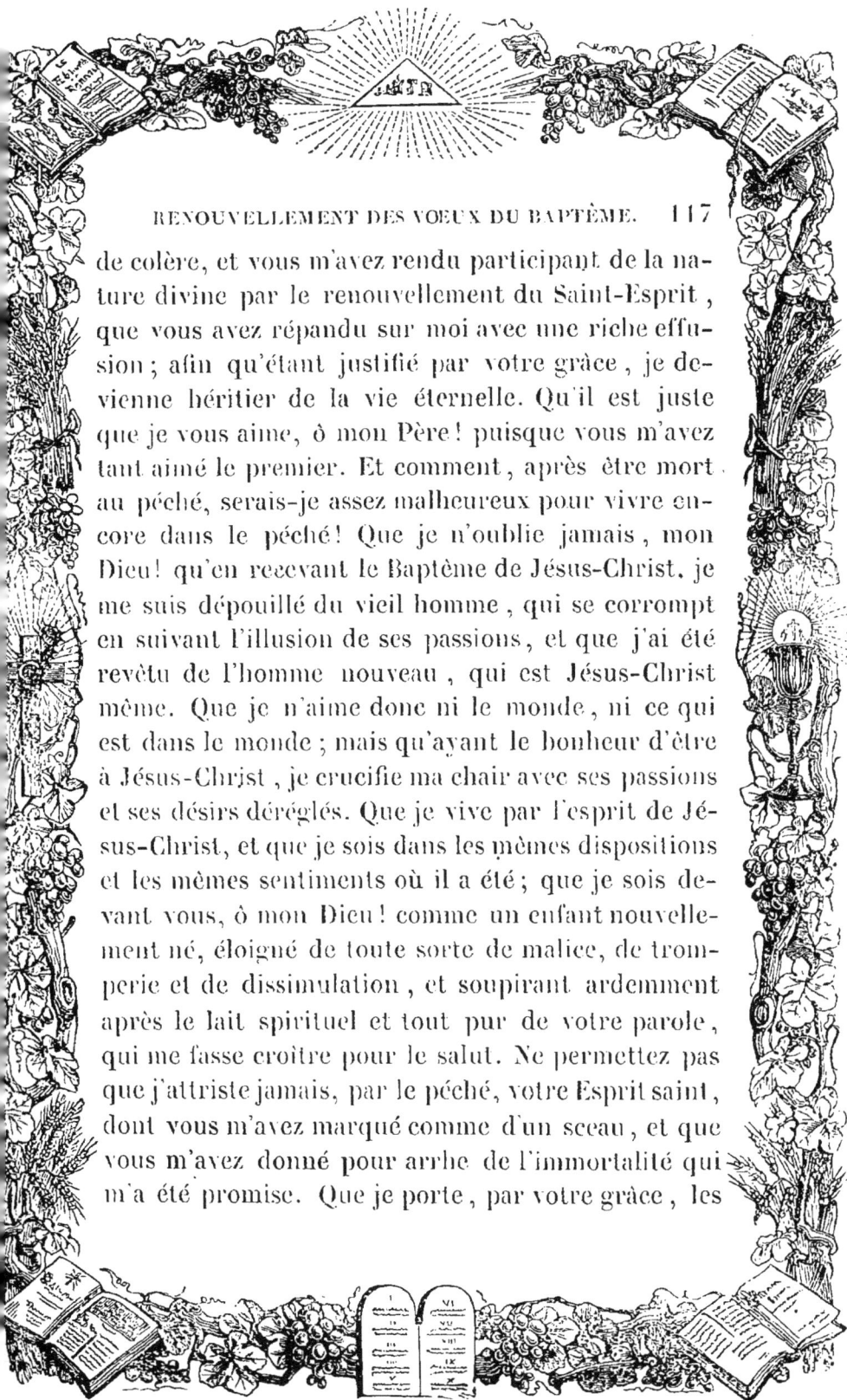

fruits de toutes sortes de bonnes œuvres, afin qu'après avoir vécu d'une manière digne de vous, j'arrive au royaume et à la gloire à laquelle vous m'avez appelé. Amen.

ABRÉGÉ

DU

CATÉCHISME

pour les jeunes enfants.

————— ❧❀❧ —————

CHAPITRE PREMIER.

————

Qu'est-ce que Dieu ?

Dieu est le Créateur du ciel et de la terre, et le souverain Seigneur de toutes choses.

Y a-t-il plusieurs Dieux ?

Non, il n'y a qu'un Dieu, et il n'y en peut avoir plusieurs.

Où est Dieu ?

Dieu est au ciel, en la terre et en tous lieux.

Dieu a-t-il toujours été ?

Dieu a toujours été, il n'a point eu de commencement, et il n'aura jamais de fin.

Pourquoi Dieu nous a-t-il créés ?

Dieu nous a créés pour le connaître, l'aimer, et le servir, et par ce moyen obtenir la vie éternelle.

Y a-t-il plusieurs personnes en Dieu ?

Oui, il y a plusieurs personnes en Dieu.

Combien y en a-t-il ?

Il y en a trois, savoir : le Père, le Fils et le Saint-Esprit.

Le Père est-il Dieu?

Oui, le Père est Dieu.

Le Fils est-il Dieu?

Oui, le Fils est Dieu.

Le Saint-Esprit est-il Dieu ?

Oui, le Saint-Esprit est Dieu.

Sont-ce trois Dieux?

Non, ce sont trois personnes ; mais ces trois personnes ne sont qu'un seul Dieu.

CHAPITRE II.

Y a-t-il quelqu'une de ces trois personnes qui se soit faite homme ?

Oui.

Laquelle est-ce ?

C'est le Fils.

Où s'est-il fait homme ?

Le Fils s'est fait homme dans le sein de la bienheureuse Vierge Marie, sa mère, par l'opération du Saint-Esprit.

Pourquoi s'est-il fait homme ?

Il s'est fait homme pour nous racheter de l'esclavage du péché et des peines de l'enfer, et pour nous mériter la vie éternelle.

Quel jour a-t-il été conçu dans le sein de la Vierge ?

Il a été conçu dans le sein de la Vierge, le jour de l'Annonciation.

Quel jour est-il né ?

Il est né le jour de Noël.

Quel jour a-t-il été adoré des Mages?

Il a été adoré des Mages le jour de l'Épiphanie, qu'on appelle le jour des Rois.

Quel jour a-t-il institué le très-saint Sacrement de l'Eucharistie ?

Il a institué le Sacrement de l'Eucharistie le Jeudi-Saint.

Quel jour est-il mort ?

Il est mort le Vendredi-Saint.

Quel jour est-il ressuscité ?

Il est ressuscité le jour de Pàques.

Quel jour est-il monté au ciel ?

Il est monté au ciel le jour de l'Ascension.

Quel jour a-t-il envoyé le Saint-Esprit à ses Apòtres ?

Il a envoyé le Saint-Esprit à ses Apòtres le jour de la Pentecôte.

Quels sont les Mystères qu'il faut croire et savoir en particulier pour être sauvé ?

Ce sont les Mystères de la Sainte-Trinité, de l'Incarnation et de la Rédemption.

Qu'entendez-vous par le Mystère de la Sainte-Trinité ?

J'entends un Dieu en trois personnes : le Père, le Fils et le Saint-Esprit.

Qu'est-ce que le Mystère de l'Incarnation ?

C'est le Mystère du Fils de Dieu fait homme.

Qu'est-ce que le Mystère de la Rédemption ?

C'est le Mystère de Jésus-Christ, Fils de Dieu, mort sur la croix pour racheter tous les hommes.

CHAPITRE III.

—

Qu'est-ce qu'un Sacrement ?

Un Sacrement est un signe sensible, institué par Notre Seigneur Jésus-Christ, pour nous sanctifier.

Combien y a-t-il de Sacrements ?

Il y a sept Sacrements.

Qui sont-ils ?

Le Baptême, la Confirmation, l'Eucharistie, la Pénitence, l'Extrême-Onction, l'Ordre et le Mariage.

Qu'est-ce que le Baptême ?

Le Baptême est un Sacrement qui nous régénère en Jésus-Christ, en nous donnant la vie spirituelle de la grâce, et qui nous fait enfants de Dieu et de l'Église.

Qu'est-ce que la Confirmation?

La Confirmation est un Sacrement qui nous donne le Saint-Esprit avec l'abondance de ses grâces, pour nous rendre parfaits Chrétiens, et pour nous faire confesser la foi de Jésus-Christ, même au péril de notre vie.

Qu'est-ce que l'Eucharistie?

L'Eucharistie est un Sacrement qui contient réellement et en vérité le Corps, le Sang, l'Ame et la Divinité de Notre Seigneur Jésus-Christ, sous les espèces du pain et du vin.

Qu'est-ce que la Pénitence?

La Pénitence est un Sacrement qui remet les péchés commis après le Baptême.

Y a-t-il quelques conditions nécessaires pour recevoir, par ce Sacrement, la rémission de ses péchés?

Oui.

Combien y en a-t-il?

Il y a cinq conditions : La première, c'est d'examiner sa conscience. La seconde, être marri d'avoir offensé Dieu. La troisième, faire un ferme propos de ne le plus offenser. La quatrième, confesser tous ses péchés au Prêtre. La cinquième, être dans la résolution sincère de satisfaire à Dieu et à son prochain.

Qu'est-ce que l'Extrême-Onction ?

L'Extrême-Onction est un Sacrement établi pour le soulagement spirituel et corporel des malades.

Qu'est-ce que l'Ordre?

L'Ordre est un Sacrement qui donne le pouvoir de faire les fonctions ecclésiastiques, et la grâce pour les exercer saintement.

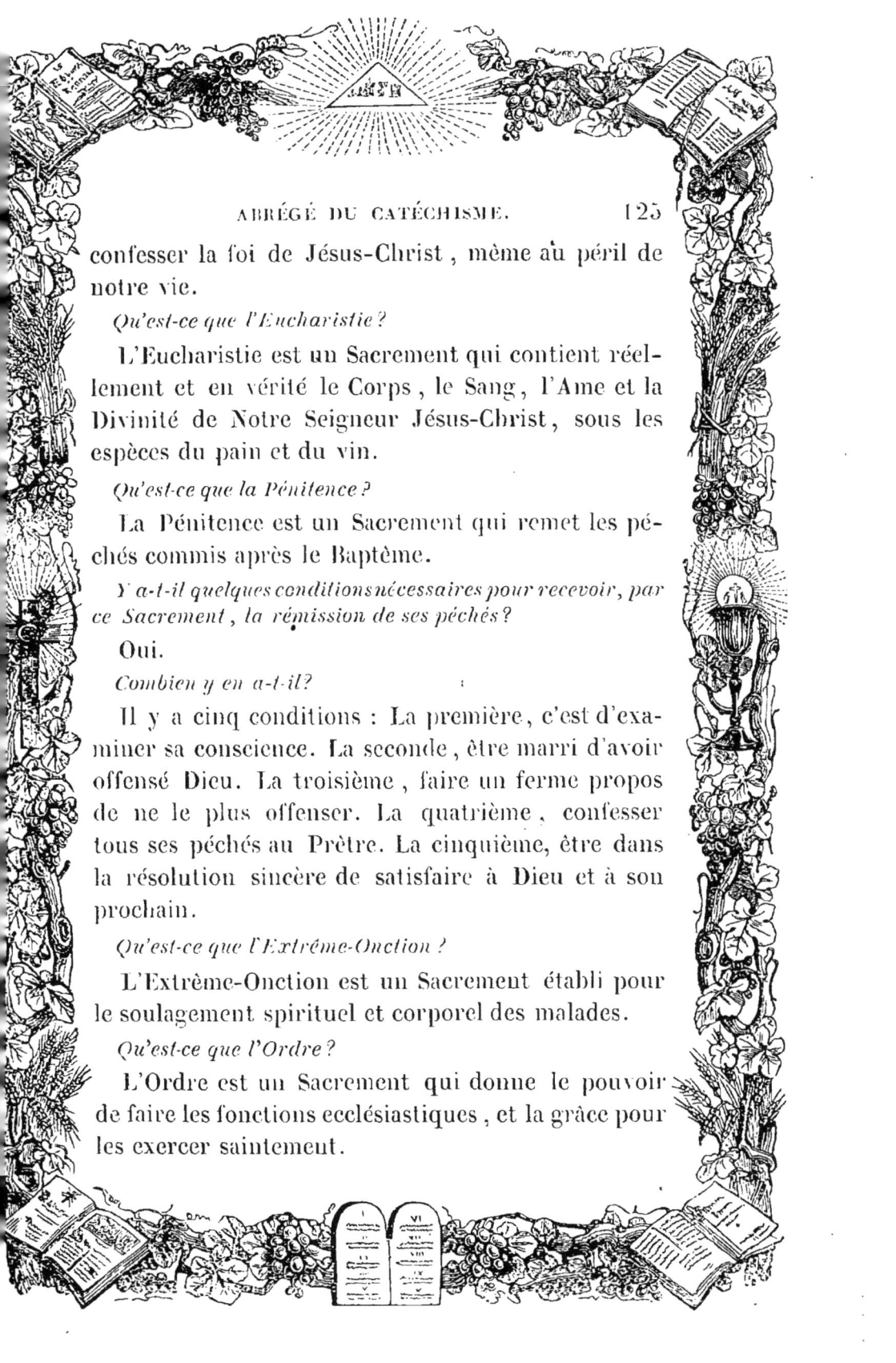

Qu'est-ce que le Mariage ?

Le Mariage est un Sacrement qui donne la gràce pour sanctifier la société légitime de l'homme et de la femme.

CHAPITRE IV.

Combien y a-t-il de Vertus théologales?

Il y a trois Vertus théologales : la Foi, l'Espérance et la Charité.

Faites un Acte de Foi.

Mon Dieu, je crois fermement toutes les vérités que vous m'avez révélées, et que l'Église me propose de croire, parce que vous ne pouvez mentir.

Faites un Acte d'Espérance.

Mon Dieu, j'espère en vous, et mon salut, par les mérites de Jésus-Christ, mon Sauveur.

Faites un Acte de Charité ou d'Amour de Dieu.

Mon Dieu, je vous aime par-dessus toutes choses,

parce que vous êtes infiniment bon et infiniment aimable.

Faites un Acte d'Amour du prochain.

Mon Dieu, j'aime mon prochain comme moi-
même, pour l'amour de vous.

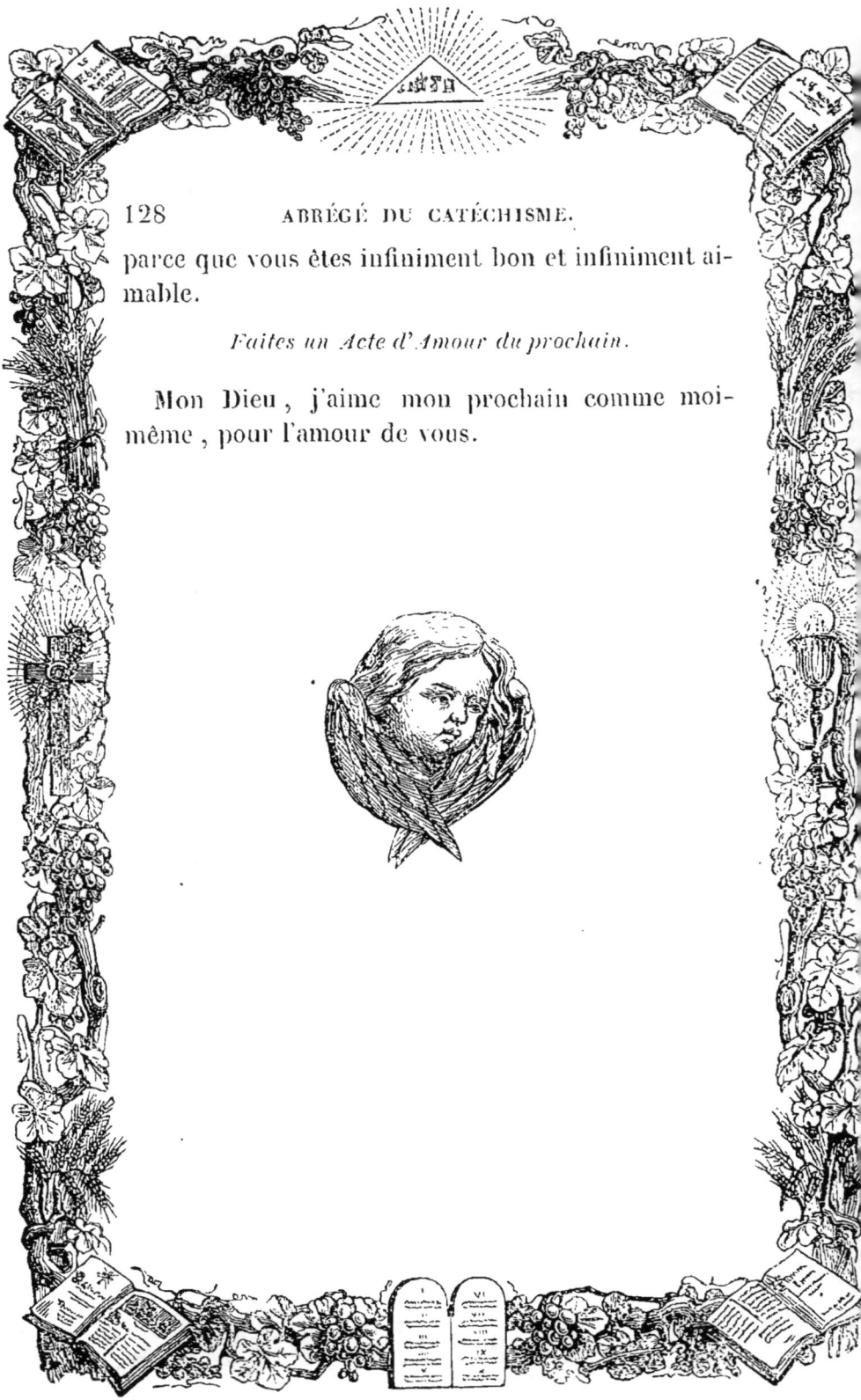

CHAPITRE V.

--- --

Est-ce assez d'être baptisé et d'avoir la foi pour être sauvé ?

Non, il faut encore garder les Commandements de Dieu et de l'Église.

Combien y a-t-il de Commandements de Dieu ?

Il y a dix Commandements de Dieu.

Quels sont-ils ?

1. Un seul Dieu tu adoreras
   Et aimeras parfaitement.
2. Dieu en vain tu ne jureras,
   Ni autre chose pareillement.
3. Les Dimanches tu garderas,
   En servant Dieu dévotement.
4. Tes père et mère honoreras,
   Afin de vivre longuement.
5. Homicide point ne seras,
   De fait ni volontairement.
6. Luxurieux point ne seras,
   De corps ni de consentement.
7. Le bien d'autrui tu ne prendras,
   Ni retiendras à ton escient.
8. Faux témoignage ne diras,
   Ni mentiras aucunement.
9. L'œuvre de chair ne désireras
   Qu'en mariage seulement.
10. Biens d'autrui ne convoiteras,
    Pour les avoir injustement.

9

Combien y a-t-il de Commandements de l'Église ?

Il y a six Commandements de l'Église.

Quels sont-ils ?

1. Les Fêtes tu sanctifieras,
   Qui te sont de commandement.
2. Les Dimanches la Messe ouïras,
   Et les Fêtes pareillement.
3. Tous tes péchés confesseras,
   A tout le moins une fois l'an.
4. Ton Créateur tu recevras,
   Au moins à Pâques humblement.
5. Quatre-Temps, Vigiles jeûneras,
   Et le Carême entièrement.
6. Vendredi chair ne mangeras,
   Ni le Samedi mêmement.

CHAPITRE VI.

—

Le Signe de la Croix.

In nomine Patris, et Filii, et Spiritùs Sancti.
Au nom du Père, et du Fils, et du Saint-Esprit.

L'Oraison Dominicale.

Pater noster, qui es in cœlis, sanctificetur nomen
tuum : adveniat regnum tuum : fiat voluntas tua,
sicut in cœlo et in terrà : panem nostrum quotidianum da nobis hodiè : et dimitte nobis debita nostra,
sicut et nos dimittimus debitoribus nostris : et ne
nos inducas in tentationem : sed libera nos à malo.
Amen.

Notre Père, qui êtes aux cieux, que votre nom
soit sanctifié : que votre règne arrive : que votre volonté soit faite en la terre comme au ciel : donnez-

9.

nous aujourd'hui notre pain quotidien : et nous pardonnez nos offenses, comme nous pardonnons à ceux qui nous ont offensés : et ne nous induisez point en tentation , mais délivrez-nous du mal. Ainsi soit-il.

La Salutation Angélique.

Ave, Maria, gratià plena ; Dominus tecum, benedicta tu in mulieribus , et benedictus fructus ventris tui , Jesus.

Sancta Maria , mater Dei, ora pro nobis peccatoribus , nunc et in horà mortis nostræ. Amen.

Je vous salue, Marie, pleine de grâces ; le Seigneur est avec vous ; vous êtes bénie entre toutes les femmes , et Jésus, le fruit de votre ventre, est béni.

Sainte Marie, mère de Dieu, priez pour nous pauvres pécheurs , maintenant et à l'heure de notre mort. Ainsi soit-il.

Le Symbole des Apôtres.

Credo in Deum , Patrem omnipotentem , Creatorem cœli et terræ : et in Jesum Christum Filium ejus unicum, Dominum nostrum , qui conceptus est de Spiritu Sancto , natus ex Marià Virgine , passus sub Pontio Pilato , crucifixus , mortuus et sepultus : descendit ad inferos : tertià die resurrexit à mortuis : ascendit ad cœlos , sedet ad dexteram Dei Patris omnipotentis : indè venturus est judicare vivos et mortuos.

Credo in Spiritum Sanctum, sanctam Ecclesiam Catholicam, Sanctorum communionem, remissionem peccatorum, carnis resurrectionem, vitam æternam. Amen.

Je crois en Dieu, le Père tout-puissant, Créateur du ciel et de la terre, et en Jésus-Christ son Fils unique, Notre Seigneur, qui a été conçu du Saint-Esprit, est né de la Vierge Marie, a souffert sous Ponce-Pilate, a été crucifié, est mort et a été enseveli : qui est descendu aux enfers, et le troisième jour est ressuscité des morts ; est monté aux cieux, est assis à la droite de Dieu le Père tout-puissant, d'où il viendra juger les vivants et les morts.

Je crois au Saint-Esprit, la sainte Église Catholique, la Communion des Saints, la rémission des péchés, la résurrection de la chair, la vie éternelle. Ainsi soit-il.

Confession des péchés.

Confiteor Deo omnipotenti, beatæ Mariæ semper virgini, beato Michaëli Archangelo, beato Joanni-Baptistæ, Sanctis Apostolis Petro et Paulo, omnibus Sanctis : quia peccavi nimis cogitatione, verbo et opere, meâ culpâ, meâ culpâ, meâ maximâ culpâ. Ideo precor beatam Mariam semper virginem, beatum Michaëlem Archangelum, beatum Joannem-Baptistam, Sanctos Apostolos Petrum et Paulum, omnes Sanctos, orare pro me ad Dominum Deum nostrum.

Je confesse à Dieu tout-puissant, à la bienheureuse Marie toujours vierge, à saint Michel Archange, à saint-Jean-Baptiste, aux Apôtres saint Pierre et saint Paul, à tous les Saints ; que j'ai beaucoup péché par pensées, par paroles et par actions : c'est ma faute, c'est ma faute, c'est ma très-grande faute. C'est pourquoi je supplie la bienheureuse Marie toujours vierge, saint Michel Archange, saint Jean-Baptiste, les Apôtres saint Pierre et saint Paul, tous les Saints, de prier pour moi le Seigneur notre Dieu.

Pour demander à Dieu la grâce de passer la journée sans l'offenser.

Domine Deus omnipotens, qui ad principium hujus diei nos pervenire fecisti, tuâ nos hodie salva virtute, ut in hâc die ad nullum declinemus peccatum ; sed semper ad tuam justitiam faciendam nostra procedant eloquia, dirigantur cogitationes et opera ; Per, etc.

Seigneur, Dieu tout-puissant, qui nous avez fait arriver au commencement de ce jour, conservez-nous aujourd'hui par votre puissance, et faites que durant le cours de cette journée, nous ne nous laissions aller à aucun péché; mais que toutes nos paroles, nos pensées et nos actions ne tendent qu'à accomplir les règles de votre justice ; Par Jésus-Christ Notre Seigneur.

Bénédiction de la Table.

Benedicite.

Dominus.

Bénédiction. Nos, et ea quæ sumus sumpturi, benedicat dextera Christi.

In nomine Patris, et Filii, et Spiritûs Sancti. Amen.

Bénissez.

Que ce soit le Seigneur.

Bénédiction. Que la main de Jésus-Christ nous bénisse, et la nourriture que nous allons prendre.

Au nom du Père, et du Fils, et du Saint-Esprit. Ainsi soit-il.

Grâces

Agimus tibi gratias, omnipotens Deus, pro universis beneficiis tuis : Qui vivis et regnas in sæcula sæculorum. Amen.

Beata viscera Mariæ Virginis, quæ portaverunt æterni Patris Filium !

Et beata ubera quæ lactaverunt Christum Dominum !

Fidelium animæ per misericordiam Dei requiescant in pace. Amen.

Nous vous rendons grâces pour tous vos bienfaits,

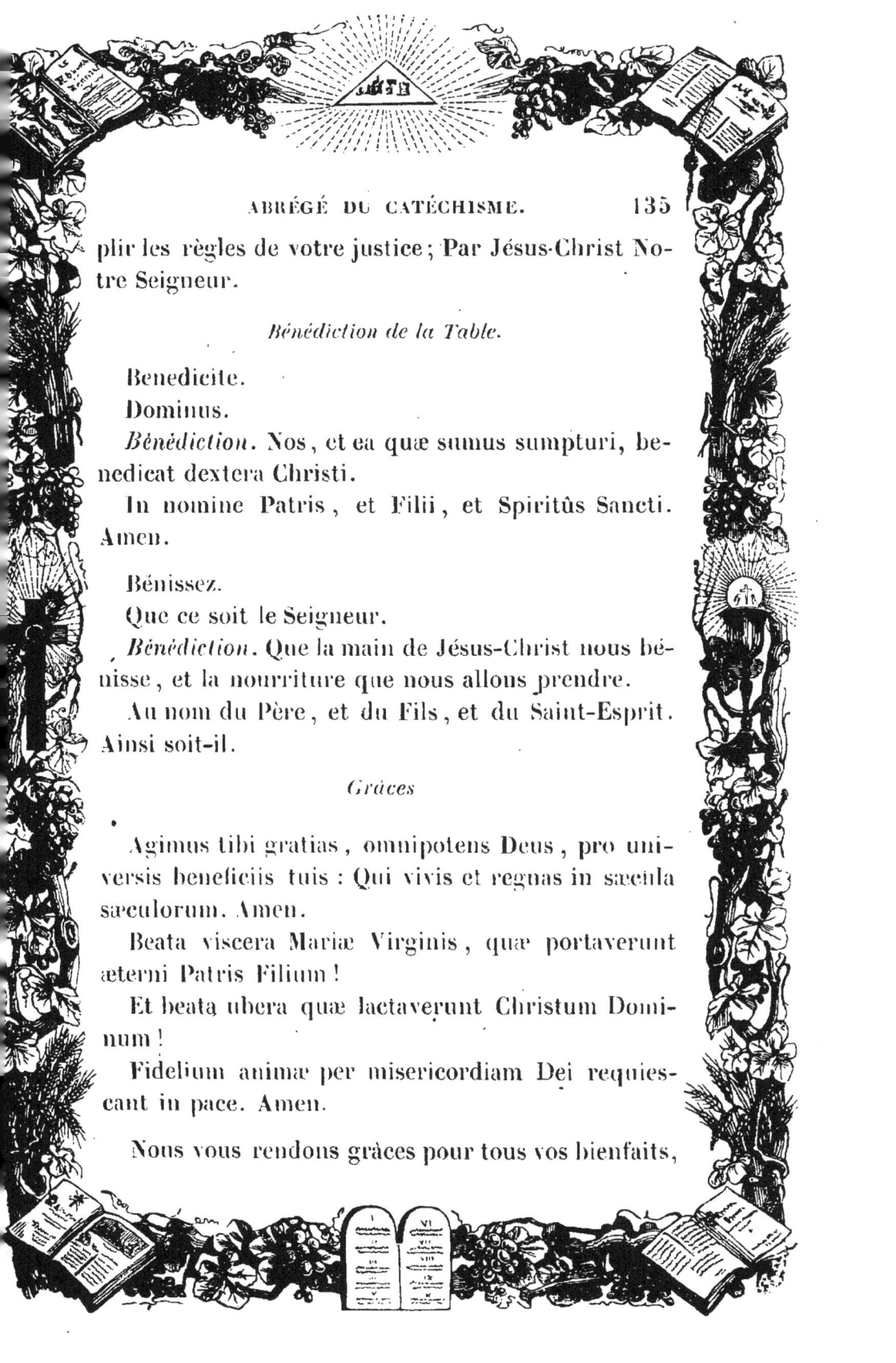

ô Dieu tout-puissant! qui vivez et régnez dans tous les siècles des siècles. Ainsi soit-il.

Heureuses les entrailles de la Vierge Marie, qui ont porté le Fils du Père éternel!

Et heureuses les mamelles qui ont allaité Jésus-Christ Notre Seigneur!

Que les âmes des fidèles reposent en paix, par la miséricorde de Dieu! Ainsi soit-il.

PRIÈRES DU SOIR.

In nomine Patris. Pater. Ave. Credo.

Après le Credo, *il faut faire l'examen de conscience, et ensuite dire* Confiteor, *comme aux prières du matin,* p. 132.

Prière pour demander à Dieu qu'il nous conserve pendant la nuit.

Visita, quæsumus, Domine, habitationem istam, et omnes insidias inimici ab eâ longè repelle : Angeli tui sancti habitent in eâ, qui nos in pace custodiant; et benedictio tua sit super nos semper : Per Christum.

Nous vous supplions, Seigneur, de visiter cette demeure, et d'en éloigner tous les piéges de l'ennemi; que vos saints Anges y habitent pour nous y conserver en paix; et que votre bénédiction demeure toujours sur nous; Par Jésus-Christ Notre Seigneur.

Avant la Confession.

Exaudi, quæsumus, Donrine, supplicum preces, et confitentium tibi parce peccatis, ut pariter nobis indulgentiam tribuas benignus et pacem ; Per, etc.

Exaucez, Seigneur, les très-humbles prières de ceux qui s'adressent à vous, et remettez les péchés de ceux qui vous les confessent ; afin que nous recevions en même temps de vous le pardon et la paix ; Par Jésus-Christ Notre Seigneur.

Après la Confession.

Præsta nobis, æterne Salvator ! ut percipientes tuo munere veniam peccatorum, deinceps peccata vitemus ; Qui, etc.

Accordez-nous, ô Sauveur éternel ! qu'ayant reçu par la grâce de ce Sacrement le pardon de nos péchés, nous les évitions désormais. Vous qui vivez et régnez.

Avant la Communion.

Deus qui nobis sub Sacramento mirabili passionis tuæ memoriam reliquisti : tribue, quæsumus, ita nos Corporis et Sanguinis tui sacra mysteria venerari, ut redemptionis tuæ fructum in nobis jugiter sentiamus : Qui vivis et regnas.

O Dieu, qui nous avez laissé la mémoire de votre

Passion dans cet admirable Sacrement, faites-nous la grâce de révérer de telle sorte les sacrés mystères de votre Corps et de votre Sang, que nous ressentions sans cesse en nous les fruits de votre rédemption : Vous qui, étant Dieu, vivez et régnez. Ainsi soit-il.

Domine, non sum dignus ut intres sub tectum meum; sed tantùm dic verbo, et sanabitur anima mea.

Seigneur, je ne suis pas digne que vous entriez dans ma maison ; mais dites seulement une parole, et mon âme sera guérie.

Après la Communion.

Mentes nostras et corpora possideat, quæsumus, Domine, doni cœlestis operatio, ut non noster sensus in nobis, sed jugiter ejus præveniat effectus.

Nous vous supplions, Seigneur, que la vertu de ce don céleste possède nos corps et nos âmes, afin que ce ne soit pas notre propre sens qui nous fasse agir, mais que l'effet de ce Sacrement nous prévienne et nous conduise sans cesse.

Salutaris Hostiæ participatione, quæsumus, Domine, ut nos ipsos tibi holocaustum facias sempiternum.

Seigneur, que la participation de cette Victime

salutaire nous fasse devenir nous-mêmes votre holo-
causte éternel.

Fac nos, quæsumus, Domine, divinitatis tuæ sem-
piternà fruitione repleri, quam pretiosi Corporis et
Sanguinis tui temporalis perceptio præfigurat : Qui
vivis et regnas in sæcula sæculorum. Amen.

Faites, s'il vous plaît, Seigneur, que nous soyons
pleinement rassasiés par l'éternelle jouissance de votre divinité, qui nous est figurée ici-bas par la réception temporelle de votre sacré Corps et de votre
précieux Sang : Vous qui vivez et régnez dans tous
les siècles des siècles. Ainsi soit-il.

ABRÉGÉ

DE LA

DOCTRINE CHRÉTIENNE

EXTRAIT DU RITUEL DE PARIS.

1. — Dieu est le Créateur et le Souverain Seigneur de toutes choses. Lui seul est indépendant, parce que lui seul existe par lui-même. Tous les autres êtres ont reçu de lui l'existence, et dépendent de lui.

Dieu est éternel, c'est-à-dire qu'il a toujours été, qu'il n'a point eu de commencement, et qu'il n'aura jamais de fin.

Dieu est un pur esprit, une souveraine intelligence, qui n'a pas de corps, et ne peut tomber sous nos sens. Présent partout, il voit jusqu'à nos pensées les plus secrètes; tout-puissant, il fait tout ce qu'il veut et comme il le veut; il gouverne tout par sa providence, et rien n'arrive sans son ordre ou sans sa permission.

Dieu est infiniment bon, infiniment saint, infiniment juste; en un mot, il est infiniment parfait, c'est-à-dire qu'il possède, sans restriction ni mesure, toutes les perfections imaginables, et une infinité d'autres que nous ne pouvons imaginer.

2. — Il n'y a qu'un seul Dieu; mais il y a en lui trois personnes distinctes : le Père, le Fils, et le Saint-Esprit.

Le Père est Dieu, le Fils est Dieu, le Saint-Esprit est Dieu:

cependant ces trois personnes ne sont pas trois Dieux, mais un seul Dieu ; et c'est là le *Mystère de la Sainte Trinité.*

Mystère veut dire une chose vraie, dont l'existence nous est révélée, mais que notre faible esprit ne peut comprendre en cette vie.

Les trois personnes de la Sainte Trinité sont égales en toutes choses, parce qu'elles n'ont qu'une même nature et une même divinité.

3. — Parmi les créatures de Dieu, les plus parfaites sont l'ange et l'homme.

Les anges sont de purs esprits, destinés à adorer Dieu et à exécuter ses ordres.

Plusieurs se sont révoltés contre leur Créateur, qui les a précipités dans l'enfer. Ces mauvais anges, qu'on appelle *démons* ou *malins esprits*, haïssent Dieu et tentent les hommes pour les perdre et leur faire partager les supplices, auxquels ils sont condamnés.

Ceux qui persévérèrent dans la justice, Dieu les confirma en grâce, et leur assura pour toute l'éternité le bonheur du Ciel.

Il en a choisi parmi eux pour veiller à la garde des hommes : ce sont eux qu'on appelle les *Anges gardiens.*

4. — Dieu a formé le premier homme du limon de la terre, et lui a donné une âme vivante et immortelle, créée à son image.

D'Adam, premier homme, et d'Ève que Dieu lui donna pour compagne, est provenu tout le genre humain.

Dieu les a créés, et nous a créés nous-mêmes, pour le connaître, l'aimer, le servir, et par ce moyen obtenir la vie éternelle.

Nos premiers parents, tentés par le démon, désobéirent à Dieu en mangeant du fruit auquel il leur avait défendu de toucher. Par leur désobéissance, ils perdirent l'état d'innocence et de justice dans lequel Dieu les avait établis ; et c'est ainsi que le péché est entré dans le monde.

5. — Le péché d'Adam n'a pas nui à lui seul ; il a été transmis à tous les hommes, qui sont tous enfants d'Adam ; il est devenu propre à chacun d'eux : en sorte que, dès le premier moment de notre existence, notre âme en est souillée devant Dieu, et que nous naissons enfants de colère. C'est ce qu'on appelle *le péché originel.*

Les suites funestes de ce péché sont, pour notre corps, toutes les souffrances auxquelles il est sujet, et la nécessité de mourir ; pour notre esprit, l'ignorance, qui le prive des connaissances les plus nécessaires au salut, et le rend accessible à toutes les séductions de l'erreur ; pour notre volonté, la concupiscence, c'est-à-dire le penchant qui nous porte au mal, et l'affaiblissement de notre liberté pour y résister. Mais surtout le péché originel nous prive de la grâce de Dieu, nous constitue ses ennemis et nous rend dignes de la réprobation éternelle.

6. — Cette corruption, produite par le péché, a ravagé le genre humain pendant une longue suite de siècles, et l'eût perdu tout entier, sans ressource, si Dieu n'avait aimé le monde jusqu'à lui donner son propre Fils, comme il l'avait promis aussitôt après la chute d'Adam.

Le Fils unique de Dieu, la seconde personne de la Sainte Trinité, s'est fait homme en prenant un corps et une âme semblables aux nôtres dans le sein de la bienheureuse Vierge Marie, par la vertu du Saint-Esprit. L'Église célèbre la naissance du Fils de Dieu fait homme, le jour de Noël.

Il a reçu le nom de Jésus, qui signifie Sauveur, parce qu'il est venu pour sauver le monde. Le nom de Christ, qu'on ajoute à celui de Jésus, était donné, chez le peuple de Dieu, aux Prophètes, aux Prêtres et aux Rois, à cause de l'onction sainte par laquelle ils étaient consacrés ; et ce nom convient éminemment au Fils de Dieu fait homme, qui réunit à notre égard toutes ces qualités d'une manière infiniment plus excellente. L'onction qu'il a reçue n'est point une onction extérieure et matérielle ; mais la plénitude de la divinité qui habite en lui.

Jésus-Christ est Dieu, puisqu'il est le Fils de Dieu, égal en tout, et consubstantiel au Père. Jésus-Christ est homme, puisqu'il a pris tout ce qui constitue la nature humaine : savoir, un corps et une âme. Cette union de la nature divine et de la nature humaine en Jésus-Christ est ce qu'on appelle le *Mystère de l'Incarnation*. Il y a donc en Jésus-Christ deux natures, et une seule personne, qui est la personne du Fils de Dieu.

7. — Le péché ayant perdu l'homme, Jésus-Christ, qui voulait le sauver, est venu sur la terre pour détruire le péché. Il l'a combattu par ses exemples, par ses prédications, par ses miracles ; mais surtout il en a triomphé par les mérites de sa passion et de sa mort. Il s'est livré à la malice de ses ennemis, il s'est laissé conduire au supplice ; il a été mis en croix ; il a versé tout son sang en priant pour ses bourreaux : et c'est ainsi que, prenant la place des coupables, souffrant et mourant pour eux, il a mérité au monde, pour les temps qui avaient précédé sa venue comme pour ceux qui l'ont suivie, des grâces sans nombre et sans mesure de sanctification et de salut.

Jésus-Christ n'a pas souffert et n'est pas mort comme Dieu, parce que la nature divine ne peut ni souffrir ni mourir. Il est mort comme homme ; mais il a donné comme Dieu un prix infini à ses souffrances et à sa mort. Il est mort pour tous les hommes, et non pas seulement pour ceux qui seront sauvés.

Le jour où l'Église rappelle chaque année, d'une manière spéciale, la mort de Jésus-Christ, est le Vendredi Saint.

Cette mort du Fils de Dieu fait homme, offrant sur la croix le sacrifice de sa vie pour le salut des hommes, c'est le *Mystère de la Rédemption :* mystère d'amour, où Dieu a concilié d'une manière admirable sa miséricorde et sa justice en pardonnant à l'homme coupable, en vue des sacrifices et des mérites de son Fils innocent.

8. — Aussitôt après la mort de Jésus-Christ, son corps fut mis dans le tombeau, et son âme descendit aux enfers, c'est-à-dire dans les limbes, séjour où les âmes des Justes, des saints Patriarches et des saints Prophètes, attendaient la venue du Messie et la rédemption du monde, pour pouvoir entrer dans le ciel à la suite du Rédempteur.

9. — Le troisième jour, Jésus-Christ ressuscita par sa propre vertu, c'est-à-dire qu'il réunit son âme à son corps et qu'il sortit glorieux du sépulcre. Cette preuve éclatante de sa mission et de sa divinité a mis le sceau à son œuvre, et nous a donné le plus solide fondement de notre foi et le gage le plus assuré de nos espérances. C'est ce miracle de sa puissance que l'Église célèbre le jour de Pâques.

10. — Quarante jours après sa résurrection il est monté aux cieux : l'Église en rappelle la mémoire le jour de l'Ascension.

11. — Dix jours après l'Ascension, le jour de la Pentecôte, le Saint-Esprit, qui est la troisième personne de la Sainte Trinité, procédant du Père et du Fils, fut envoyé à l'Église pour lui donner l'abondance des grâces que Jésus-Christ avait méritées aux hommes par le mystère de la Rédemption, et pour consommer l'œuvre de la sanctification du monde.

12. — Jésus-Christ a voulu laisser sur la terre une église, c'est-à-dire une société simple qui réunît en un seul corps les enfants de Dieu dispersés dans le monde. Il en avait assemblé lui-même les premiers membres, en appelant autour de lui ses Disciples, parmi lesquels il avait choisi ses douze Apôtres, pour en être les premiers pasteurs. C'est à eux spécialement qu'il avait donné la mission d'enseigner toutes les nations, d'administrer les Sacrements, d'offrir le sacrifice de son corps et de son sang, et de gouverner l'Église. Il avait choisi plus particulièrement encore l'un d'entre eux, auquel il donna le nom de Pierre, pour marquer expressément, par

10

ce nom même, qu'il voulait en faire la pierre fondamentale sur laquelle son Église serait bâtie. Il l'avait établi Prince des Apôtres, Pasteur des Pasteurs, et l'avait désigné pour être sur la terre son Vicaire et son représentant, après que lui-même serait monté au Ciel. Saint Pierre, les autres Apôtres et les Disciples composaient l'Église, lorsque Jésus-Christ monta au Ciel.

La venue de l'Esprit Saint féconda ces commencements, et donna à la prédication des Apôtres des succès aussi miraculeux par leur rapidité que par leur étendue.

L'Église est *sainte* par Jésus-Christ son chef, qui est la source de toute sainteté; par sa doctrine, qui est la doctrine de Jésus-Christ dont elle est dépositaire; par ses Sacrements, que ce divin Sauveur a établis pour sanctifier les hommes. Le Baptême, en même temps qu'il nous rend les enfants de l'Église, nous rend saints, en effaçant le péché dans nos âmes; et parmi ceux qui l'ont reçu, il y en a toujours un grand nombre qui se maintiennent dans la voie de la sainteté, ou qui y rentrent par la pénitence.

L'Église est *catholique* ou universelle, c'est-à-dire qu'elle n'est pas destinée, comme l'ancienne synagogue, à un seul peuple, mais qu'elle doit être la lumière et le salut de tous les peuples de la terre. Il n'est aucun pays où la bonne nouvelle du salut n'ait été ou ne doit être annoncée par elle; et c'est un avantage qu'aucune des sectes qui se sont séparées de l'Église n'a jamais eu et n'aura jamais.

Jésus-Christ, en ordonnant à ses Apôtres d'aller enseigner toutes les nations, de les appeler à son Église, et de les y faire entrer par le Baptême, leur avait promis d'être avec eux pour les assister dans le ministère qu'il leur confiait, jusqu'à la consommation des siècles. Cette promesse embrassant tous les temps, et non bornée au temps de la vie des Apôtres, ne s'adressait point à eux seuls personnellement, mais à tous ceux qui devaient leur succéder jusqu'à la fin du monde. Les Apôtres ont eu pour successeurs les Évêques qu'ils ont institués, et qui, à leur tour, en ont institué d'autres, afin que le ministère apostolique ne fût jamais interrompu.

Saint Pierre, prince des Apôtres, ayant fondé l'Église de Rome, dont il fut le premier Évêque, et où il termina la carrière de son apostolat par le martyre, ses successeurs dans le siége de Rome ont conservé et conserveront toujours la primauté d'honneur et de juridiction que Jésus-Christ avait donnée à ce glorieux Apôtre. En vertu de cette succession, l'Évêque de Rome, ou le Pape, est réellement le Vicaire de Jésus-Christ, le chef de toute l'Église, le Père et le Docteur de tous les Chrétiens. À lui, en la personne de saint Pierre, a été donné le pouvoir de paître, de régir et de gouverner l'Église universelle : en sorte que le Pape et tous les Évêques qui sont en communion avec lui représentent continuellement sur la terre le collége apostolique établi par le Sauveur lui-même.

C'est ainsi que l'Église, toujours gouvernée invisiblement du haut du Ciel par Jésus-Christ son chef souverain, est toujours aussi gouvernée sur la terre par une autorité visible émanée de Jésus-Christ.

C'est ainsi qu'ayant toujours un centre d'unité dans l'Évêque de Rome, la vraie Église peut être parfaitement distinguée de toutes celles qui tenteraient d'usurper son nom et son titre. Par la succession légitime de ses Pasteurs, et principalement des Pontifes romains, depuis les Apôtres jusqu'à nous, et depuis nous jusqu'à la fin du monde, elle peut et pourra toujours remonter jusqu'aux Apôtres, et par eux, jusqu'à Jésus-Christ. La sainte Église catholique, apostolique, romaine, est la seule qui tienne ainsi à Jésus-Christ dans tous les âges du monde : elle est cet unique troupeau dont Jésus-Christ Fils de Dieu est l'unique Pasteur. Écouter les enseignements de l'Église et se soumettre à ses lois, c'est écouter Jésus-Christ et obéir à Jésus-Christ. Refuser de se soumettre aux décisions de l'Église ou à ses lois, c'est refuser de se soumettre à Jésus-Christ. Il l'a déclaré lui-même expressément, lorsqu'il a dit à ses Apôtres : *Celui qui vous*

10.

écoute, m'écoute ; celui qui vous méprise, me méprise. On ne peut se séparer de l'Église sans se séparer en même temps de Jésus-Christ ; et comme *il n'est pas d'autre nom sous le ciel par lequel nous puissions être sauvés*, quand on est volontairement hors de l'Église, il n'y a point de salut à espérer.

13. — Les fidèles qui composent l'Église ne forment qu'un même corps dont Jésus-Christ est le chef, et, en leur qualité de membres de ce corps mystique, tous sont appelés à participer aux mérites de ce divin chef ; tous sont unis par la communication aux mêmes biens spirituels, qui sont la foi, les sacrements, les bonnes œuvres et les prières ; c'est ce qu'on appelle *la Communion des Saints.* Cette union subsiste même après la mort ; car les saints qui sont déjà dans le Ciel prient pour nous, et nous obtiennent de Dieu, par les mérites de Jésus-Christ, des secours puissants pour nous aider à parvenir au bonheur dont ils jouissent ; et nous-mêmes qui sommes encore sur la terre, où nous combattons contre les ennemis de notre salut, nous pouvons soulager par nos prières et autres œuvres de piété, les âmes qui souffrent dans le purgatoire pour achever d'expier leurs fautes, et d'acquitter les dettes qu'elles ont contractées en cette vie envers la justice divine.

14. — A la fin des temps, Jésus-Christ viendra de nouveau, avec une grande puissance et une grande majesté, juger tous les hommes, et rendre à chacun selon ses œuvres. Ce jugement général sera la manifestation et la confirmation du jugement particulier que chaque homme subit immédiatement après sa mort. Mais, avant le dernier jugement, tous les hommes ressusciteront avec les mêmes corps qu'ils auront eus pendant cette vie, afin que leurs corps partagent la récompense ou la punition de leurs âmes. Dieu veut aussi, par cette résurrection, rendre plus complet dans les justes le triomphe de Jésus-Christ sur la mort et sur le péché.

Les pécheurs morts dans l'impénitence souffriront des peines éternelles ; les justes ressuscités jouiront au contraire, dans le sein de Dieu, d'un bonheur et d'une gloire qui n'auront pas de fin.

15. — Notre réconciliation avec Dieu, que la Rédemption de Jésus-Christ nous a méritée, se fait par la grâce sanctifiante, don surnaturel que le Saint-Esprit produit dans les âmes en y effaçant le péché, don précieux qui rend l'homme juste, saint et agréable à Dieu. Par la grâce sanctifiante, nous devenons participants de la nature divine; nous pouvons être appelés les enfants de Dieu, et nous le sommes en effet. Elle est la véritable vie de l'âme, le principe de tous les mérites surnaturels, et donne droit à la possession de la gloire céleste.

Notre Seigneur nous a mérité des grâces actuelles, c'est-à-dire des secours intérieurs et surnaturels qui nous sont donnés dans les occasions pour éviter le mal et faire le bien. Ces secours sont d'une telle nécessité, que nous ne pouvons sans eux former un seul bon désir, avoir une seule bonne pensée dans l'ordre du salut. Aussi Jésus-Christ s'étant offert pour tous les hommes, des grâces actuelles sont données à tous, quoiqu'elles ne le soient pas dans une égale mesure; car Dieu est toujours le maître de ses dons. Mais comme il n'est point d'homme à qui la grâce la plus forte impose aucune nécessité, et qui ne conserve sous son action un vrai pouvoir d'y résister ou de la suivre; il n'en est aucun non plus qui puisse se plaindre de recevoir des secours trop faibles, et d'être réduit à la triste nécessité de pécher. Tous ont au moins des grâces éloignées, telles que des grâces de prière, au moyen desquelles ils peuvent en obtenir de plus prochaines, et arriver à la vie éternelle, pour laquelle tous ont été créés.

16. — Jésus-Christ a laissé à son Église sept Sacrements, signes extérieurs et sensibles, institués par lui pour sanctifier nos âmes. Ce sont : le Baptême, la Confirmation, l'Eucharistie, la Pénitence, l'Extrême-Onction, l'Ordre et le Mariage.

Ils ont pour effet général de produire ou d'augmenter la

grâce sanctifiante, et ils sont aussi la source d'un grand nombre de grâces actuelles, suivant la nature de chaque Sacrement et le but spécial que Notre Seigneur s'est proposé dans son institution.

17. — Le Baptême est un Sacrement qui nous régénère, c'est-à-dire nous fait renaître en Jésus-Christ, en nous donnant la vie spirituelle de la grâce, et qui nous rend enfants de Dieu et de l'Église.

Par le Baptême il se forme entre Dieu et l'homme un contrat dans lequel Dieu s'engage à traiter le baptisé comme son enfant d'adoption, et le baptisé, de son côté, s'engage à croire en Jésus-Christ, à renoncer au démon, à ses pompes et à ses œuvres.

Le Baptême nous confère le titre glorieux de Chrétien, c'est-à-dire de disciple de Jésus-Christ.

Le signe du Chrétien est le signe de la Croix. Faire ce signe avec respect, c'est annoncer qu'on a foi aux trois grands mystères de la Sainte Trinité, de l'Incarnation et de la Rédemption.

18. — La Confirmation est un Sacrement qui nous donne le Saint-Esprit avec l'abondance de ses grâces, pour nous rendre parfaits Chrétiens, et pour nous donner la force de confesser fidèlement la foi de Jésus-Christ, fallût-il faire pour cela le sacrifice de notre vie.

La Confirmation, comme le Baptême, imprime dans l'âme un caractère ineffaçable, et ne peut se recevoir qu'une fois. Ceux qui, par négligence, diffèrent trop à la recevoir, se rendent coupables de péché, et se privent par leur faute de l'abondance des grâces que ce Sacrement communique.

19. — L'Eucharistie est un Sacrement qui contient réellement, substantiellement, et en vérité, le corps, le sang, l'âme et la divinité de Notre Seigneur Jésus-Christ, sous les espèces ou apparences du pain et du vin.

C'est la veille de sa mort que Jésus-Christ institua ce divin Sacrement.

Jésus-Christ nous a fait une obligation rigoureuse de recevoir le Sacrement de l'Eucharistie; il a dit expressément que, si nous ne mangeons sa chair et si nous ne buvons son sang, nous n'aurons point la vie en nous.

L'Église, interprète des lois de Jésus-Christ, nous ordonne, pour l'accomplissement de ce commandement, au moins une communion par an; et elle a fixé pour communier la quinzaine de Pâques, en exprimant le désir que les fidèles se missent en état de communier plus souvent.

Ceux qui sont en danger de mort sont obligés aussi de recevoir le Sacrement de l'Eucharistie.

20. — L'Eucharistie, qui est un Sacrement, est aussi un sacrifice; car Jésus-Christ ne se donne pas seulement à nous pour être notre nourriture spirituelle, il s'offre encore à son Père comme notre victime. C'est là le sacrifice de la Messe, action la plus sainte et la plus vénérable de toute la religion; car c'est la représentation réelle et la continuation non sanglante du sacrifice que le Fils de Dieu fait homme a offert pour nous sur la croix.

Jésus-Christ, en instituant cet auguste sacrifice, a voulu que les fidèles y assistassent. L'Église nous fait une loi de cette assistance à la messe, les dimanches et les jours de fêtes d'obligation.

21. — La Pénitence est un Sacrement qui remet, c'est-à-dire qui efface les péchés commis après le Baptême.

Le Sacrement de Pénitence, en effaçant les péchés, remet la peine éternelle que le péché mortel a méritée; mais il laisse ordinairement l'obligation de satisfaire à la justice divine par des peines temporelles en cette vie ou en l'autre. L'Église peut faire la remise de ces peines temporelles par les *Indulgences*, en appliquant au pécheur pénitent, moyennant certaines conditions qu'elle lui impose, les mérites infinis de Jésus-Christ, et les satisfactions surabondantes de la Sainte-Vierge et des Saints.

L'Église veut que tous ceux de ses enfants qui ont atteint l'âge de raison s'approchent, à tout le moins une fois l'an, du Sacrement de Pénitence, et se préparent, par une bonne confession, à recevoir la grâce de l'Absolution. L'époque de cette confession annuelle est le saint temps de Carême, comme disposition à la Communion pascale.

Le soin que tout Chrétien doit prendre de son salut, lui fait un devoir de recourir au Sacrement de Pénitence lorsqu'il est tombé en péché mortel; cette obligation devient encore plus pressante s'il se trouve grièvement malade ou en danger de mort.

Le désir de l'Église est, pour la Confession ainsi que pour la Communion, que ses enfants ne s'en tiennent pas à ce qui est rigoureusement de précepte, mais qu'au contraire ils s'approchent le plus fréquemment qu'il leur est possible des Sacrements de Pénitence et d'Eucharistie, sources fécondes de grâces pour faire avancer les âmes dans la vertu.

22. — L'Extrême-Onction est un Sacrement établi pour le soulagement corporel et spirituel des malades.

Effacer les restes des péchés et quelquefois les péchés mêmes, augmenter la pureté de l'âme, inspirer la soumission à la volonté de Dieu, adoucir les douleurs de la maladie et les craintes de la mort, rendre même la santé du corps lorsqu'elle peut être plus utile au salut du malade : tels sont les effets de l'Extrême-Onction. C'est une négligence déplorable de ne pas demander à recevoir ce Sacrement lorsqu'on est malade; c'est manquer à l'affection chrétienne que l'on doit à ses parents et à ses amis, et souvent même à un véritable devoir, que de ne pas leur procurer, lorsqu'on est dans l'occasion de le faire, d'aussi puissants secours et d'aussi précieuses consolations.

23. — L'Ordre est un Sacrement qui donne le pouvoir de faire les fonctions ecclésiastiques, et la grâce pour les exercer saintement.

L'Ordre, comme le Baptême et la Confirmation, imprime dans l'âme un caractère ineffaçable, et ne peut se perdre ni se réitérer.

Le pouvoir d'instruire les fidèles et d'administrer les Sacrements vient de Jésus-Christ.

On ne peut l'avoir qu'autant qu'on l'a reçu de ceux auxquels Jésus-Christ l'a confié.

Quiconque donc oserait s'ingérer dans le ministère ecclésiastique sans avoir reçu le Sacrement de l'Ordre, et sans être légitimement envoyé par l'Évêque, usurperait un pouvoir qu'il n'aurait pas et abuserait de la crédulité des simples pour les tromper et les perdre. Chaque fonction ecclésiastique qu'il prétendrait remplir, serait un nouveau péché pour lui et pour ceux qui recourraient à lui et communiqueraient sciemment à ses sacrilèges. Un Prêtre même, sans mission de l'Évêque, n'aurait aucun pouvoir pour les Sacrements de Pénitence et de Mariage; et ceux qui auraient eu le malheur de s'adresser à lui pour ces Sacrements devraient regarder comme nul tout ce qui aurait été fait par lui, et recourir à leur pasteur légitime pour les recevoir de nouveau. Dans le seul cas de nécessité extrême, à l'article de la mort, et faute d'un Prêtre approuvé, on peut néanmoins s'adresser à quelque Prêtre que ce soit, pour recevoir de lui le Sacrement de Pénitence.

24. — Le Mariage est un Sacrement établi pour sanctifier l'union légitime de l'homme et de la femme.

On ne peut recevoir ce Sacrement que dans sa paroisse, avec la bénédiction de son propre pasteur, ou d'un autre Prêtre délégué par lui, et en présence des témoins exigés par la loi de l'Église. Ceux qui ont quelque raison de se marier hors leur paroisse, ne peuvent le faire sans une permission particulière.

Il faut de plus s'être préparé au Sacrement de Mariage par une bonne confession, et s'être mis en état de grâce.

Vivre comme si l'on était marié, sans l'avoir été en présence de l'Église, c'est vivre dans l'état habituel du péché, c'est scandaliser ses frères et se préparer une fin mauvaise.

Cet exposé de la nature et des effets des Sacrements suffit pour faire comprendre combien il est essentiel de s'instruire à fond des dispositions qu'il y faut apporter et de puiser souvent à ces sources sacrées du Sauveur.

25.   Un autre moyen bien essentiel aussi et bien efficace pour obtenir le secours de Dieu, c'est la prière. Notre Seigneur nous a recommandé d'y recourir souvent, et nous a donné le modèle d'une prière parfaite dans celle qu'il nous a enseignée lui-même, et qu'on appelle pour cette raison l'Oraison dominicale, c'est-à-dire la prière du Seigneur; elle commence par ces mots : *Notre Père.*

A l'Oraison dominicale, les fidèles y joignent ordinairement la Salutation angélique, ou *Je vous salue, Marie,* pour rendre hommage à la très-Sainte-Vierge Marie, mère de Dieu.

Cette prière montre quel est le véritable esprit de l'Église dans toutes celles qu'elle adresse à la Sainte-Vierge ou aux Saints; elles se réduisent toutes à les féliciter de leur bonheur, et à implorer leur intercession.

26.--Tels sont les mystères que Dieu a opérés; tels sont les moyens qu'il nous a donnés pour profiter de la Rédemption qu'il nous a acquise, et pour faire de nous un peuple saint, zélé dans l'accomplissement de sa loi, c'est-à-dire des devoirs qu'il nous a prescrits.

Ces devoirs, il nous les a fait connaître par la lumière naturelle ou la raison qu'il a mise en nous, et par la révélation qu'il a faite de ses premières volontés aux hommes. Ces premières notions étant obscurcies par suite du péché, Dieu y a suppléé par les commandements qu'il a donnés à son peuple, et Notre Seigneur, qui voulait éclairer notre ignorance et nous apprendre à vaincre notre penchant au mal, a déclaré qu'il n'était pas venu pour détruire la loi, mais pour l'accomplir; il l'a développée et perfectionnée dans son Évangile, et nous a appris que la fidélité avec laquelle nous l'observerions, serait la mesure de l'amour que nous aurions pour lui-même.

Nos devoirs envers Dieu nous sont marqués par les trois premiers commandements; nos devoirs envers le prochain et envers nous-mêmes, par les sept autres.

27. — Les principales vertus que nous avons à pratiquer envers Dieu sont : la *Foi*, par laquelle nous croyons fermement tout ce que Dieu nous a révélé et nous propose par son Église ; l'*Espérance*, par laquelle nous attendons avec confiance de sa bonté infinie et de sa fidélité à ses promesses, le salut éternel qui doit être la fin dernière de tous nos désirs, et les grâces dont nous avons besoin pour y arriver ; la *Charité*, par laquelle nous aimons Dieu pour lui-même par-dessus tout, et le prochain pour l'amour de Dieu.

Ces trois vertus sont appelées *Théologales*, parce qu'elles ont directement et immédiatement Dieu pour objet. L'exercice de ces vertus doit être familier à tout Chrétien, et nous ne pouvons trop souvent en produire les actes.

Nous devons encore à Dieu l'adoration et la prière, pour reconnaître son souverain domaine sur toute créature et pour obtenir de lui les grâces dont nous avons besoin.

Le respect profond que mérite le saint nom de Dieu nous interdit de jamais le prendre en vain, et de faire aucun serment sans nécessité, et surtout contre la vérité ou contre la justice. Il nous interdit aussi toutes sortes de jurements, d'imprécations et de blasphèmes. Enfin, le second commandement nous défend de faire aucun vœu avec légèreté, et nous impose l'obligation d'accomplir fidèlement ceux que nous aurions faits.

Outre le culte intérieur, en esprit et en vérité, nous devons encore rendre à Dieu un culte extérieur et public, afin de nous exciter les uns les autres à le servir, et de nous édifier mutuellement. C'est pour cela principalement qu'il nous ordonne de lui consacrer un jour de chaque semaine, en nous abstenant des œuvres serviles, pour l'employer spécialement à des œuvres de religion. Dans l'ancienne loi, ce jour était le samedi, en mémoire de la création ; dans la nouvelle, c'est le dimanche, en mémoire de la résurrection de Jésus-Christ et de la descente du Saint-Esprit sur les Apôtres.

28. — Après les trois premiers commandements, qui déterminent nos principaux devoirs envers Dieu, le quatrième nous prescrit ceux que nous avons à remplir envers nos pères et mères, dont les principaux sont de les respecter, de les aimer, de leur obéir, et de les assister dans leurs besoins; il règle aussi les devoirs des inférieurs envers leurs supérieurs, ceux des supérieurs envers les inférieurs, en un mot, les obligations particulières qui résultent pour chacun de sa position personnelle, soit dans la famille, soit dans la société.

Les autres commandements de Dieu, qui règlent nos devoirs envers le prochain et envers nous-mêmes, nous interdisent à l'égard du prochain tout ce qui peut lui nuire, ou dans sa personne, ou dans son honneur, ou dans ses biens; ils nous défendent toutes paroles contraires à la vérité, tout excès dans le boire et dans le manger, tout ce qui est opposé à la pureté, par actions, par paroles ou par pensées: car la loi de Dieu, plus parfaite que toutes les lois humaines, ne se borne pas à régler l'extérieur de l'homme, elle pénètre jusque dans l'intérieur, qui est à découvert devant Dieu; elle nous interdit même le désir de ce qui serait préjudiciable au prochain, et jusqu'à la pensée qui serait injuste envers lui; elle exige que nous soyons disposés à faire du bien à tous les hommes, même à ceux qui ne nous auraient fait que du mal, et que nous aimions sincèrement nos ennemis.

Les obligations que nous impose la loi de Dieu se rapportent toutes, ou à Dieu directement, ou à notre prochain, ou à nous-mêmes. Et comme l'amour bien entendu de nous-mêmes est renfermé dans l'amour que nous devons à Dieu, il s'ensuit que tous les commandements se réduisent à celui d'aimer Dieu par-dessus toutes choses, et notre prochain comme nous-mêmes pour l'amour de Dieu : non en ce sens, que, sous prétexte qu'on aime Dieu et le prochain, on puisse se dispenser de l'observation d'aucun commandement, mais parce qu'il est impossible, au contraire, d'avoir cet amour comme on le doit, si on ne les observe tous.

Il y a aussi dans l'Évangile des conseils particuliers pour les âmes qui sont appelées à une plus grande perfection, tels que celui de renoncer à ses biens pour pratiquer la pauvreté, à sa volonté pour pratiquer l'obéissance. Mais il n'est question, dans cet exposé, que des préceptes imposés à tous, et que personne ne peut transgresser sans se rendre coupable devant Dieu.

29. — L'Église, pour nous aider à observer les commandements, et pour entrer dans les vues de notre divin Maître, a fait aussi plusieurs lois auxquelles nous ne pouvons désobéir sans désobéir à Dieu même.

Outre l'obligation qu'elle nous impose de célébrer les Fêtes qu'elle a établies, d'assister au sacrifice de la messe en ces jours de fêtes et tous les dimanches, et de nous approcher au moins une fois l'année des Sacrements de Pénitence et d'Eucharistie, elle nous oblige aussi à quelques œuvres de Pénitence, qui sont les jeûnes des Quatre-Temps, des Vigiles et du Carême, l'abstinence du vendredi et du samedi de chaque semaine, et de quelques autres jours de l'année. En nous interdisant ainsi certains aliments pour des jours déterminés, elle ne prétend point nous faire regarder ces aliments comme mauvais en eux-mêmes, puisque toutes les créatures sont l'ouvrage de Dieu; ni ces jours comme malheureux, puisque tous les jours de notre vie nous sont donnés par la bonté divine; mais en nous obligeant à nous abstenir quelquefois de certaines choses qui seraient permises de leur nature, l'Église veut nous faire sentir, par des actes extérieurs, la dépendance habituelle où nous sommes de Dieu; elle nous donne un moyen d'expier la facilité avec laquelle nous nous sommes trop souvent permis des choses défendues. Par cette sage tempérance qu'elle nous fait pratiquer, elle nous habitue à nous rendre maîtres de nous mêmes; et en nous apprenant, par de légères privations, à résister à nos désirs dans des choses qui paraîtraient moins importantes, elle nous exerce à les combattre avec plus de facilité dans celles qui demanderaient plus de force et de vertu.

30. — Toute désobéissance aux commandements de Dieu ou de l'Église est un péché : péché *mortel*, si la loi est violée en matière grave et avec un parfait consentement ; péché *véniel*, si la loi est violée en matière légère, ou si le consentement de la volonté n'est qu'imparfait.

Le péché mortel prive entièrement celui qui le commet, de la grâce sanctifiante; il le rend ennemi de Dieu et digne des peines éternelles, s'il meurt avant de l'avoir effacé par la pénitence. Le péché véniel ne prive pas entièrement de la grâce, mais il la diminue; Dieu ne le punit point par la peine éternelle, mais par des peines temporelles. Le péché, même véniel, est un très-grand mal, parce qu'il offense Dieu, et parce que le moindre degré de grâce qu'il nous fait perdre, est infiniment plus précieux que tous les trésors du monde.

31. — La sainteté à laquelle le Chrétien est appelé l'oblige à éviter le péché par-dessus tout; elle demande aussi qu'il s'applique à rendre toutes ses actions dignes du Maître qu'il sert, et de la récompense que ce divin Maître lui destine.

Il faut pour cela que ces actions soient faites en état de grâce, et rapportées à Dieu par quelque motif surnaturel, comme de foi, de crainte, d'espérance ou de charité. Par là les plus ordinaires et les plus communes deviennent méritoires pour le salut, tandis que les œuvres qui paraîtraient les meilleures de leur nature sont privées de ce mérite, si elles sont faites en état de péché mortel, ou par des motifs purement naturels : elles peuvent être récompensées par des biens temporels, ou tout au plus être utiles au salut d'une manière éloignée, en diminuant les obstacles qui s'opposeraient à la grâce, mais elles ne sont point comptées pour le ciel; car Jésus-Christ est la source unique de tous les mérites surnaturels, et nous ne pouvons en acquérir aucun, dès que nous cessons de lui être unis.

Heureux donc celui qui écoute avec attention les enseignements de la parole de Dieu, et qui en fait la règle de sa foi
et de sa conduite! Il est semblable, suivant la comparaison
de l'Évangile, à un homme sage qui établit sur la pierre un
édifice solide, capable de résister aux inondations et à la
tempête, tandis que toute croyance ou toute vertu établie sur
un autre fondement, n'est qu'un édifice bâti sur le sable, in-
capable de résister au moindre choc. Ainsi le Chrétien fidèle
traverse avec une ferme confiance tous les dangers de cette vie,
et arrive heureusement au port du salut, à cette vie éternelle,
dernière fin que Dieu s'est proposée dans la création du
monde et dans l'œuvre de notre régénération, dernier terme
des desseins de sa providence, soit sur chaque âme en particulier, soit sur l'ensemble de la société humaine.

Peint par Elisa Boulanger.   Gravé par Jules Collignon.

La Sainte Vierge.

LA SAINTE MESSE.

Le Prêtre, au pied de l'Autel, fait le signe de la Croix.

Au nom du Père, etc.

Je m'approcherai de l'Autel de Dieu ;

℟. Du Dieu qui remplit ma jeunesse d'une sainte joie.

Jugez-moi, Seigneur, et séparez ma cause d'avec celle de la nation qui n'est pas sainte ; délivrez-moi de l'homme injuste et trompeur.

℟. Parce que c'est vous, mon Dieu, qui êtes ma force ; pourquoi m'avez-vous repoussé ? et pourquoi marché-je avec un visage triste, lorsque mon ennemi m'afflige ?

Faites luire votre lumière et votre vérité ; ce sont elles qui m'ont conduit et introduit sur votre montagne sainte, et dans votre tabernacle.

℟. Je m'approcherai de l'Autel de Dieu, du Dieu qui remplit ma jeunesse d'une sainte joie.

Je chanterai vos louanges sur la harpe, ô mon Seigneur et mon Dieu ! Mon âme, pourquoi êtes-vous triste, et pourquoi me troublez-vous ?

℟. Espérez en Dieu, car je lui rendrai encore des actions de grâces ; il est le salut et la joie de mon visage ; il est mon Dieu.

Gloire au Père, et au Fils, et au Saint-Esprit.

℟. A présent et toujours, comme dès le commencement et dans tous les siècles.

Ainsi soit-il.

La Messe ne commence qu'ici au temps de la Passion et aux Messes des Morts.

Je m'approcherai de l'Autel de Dieu.

℟. Du Dieu qui remplit ma jeunesse d'une sainte joie.

Notre secours est dans le nom du Seigneur.

℟. Qui a fait le ciel et la terre.

Le Prêtre dit le Confiteor, *et après on dit :*

Que Dieu tout-puissant vous fasse miséricorde, et qu'après vous

11

avoir pardonné vos péchés, il vous conduise à la vie éternelle. Ainsi soit-il.

Je me confesse à Dieu tout-puissant, à la bienheureuse Marie toujours Vierge, à saint Michel Archange, à saint Jean-Baptiste, aux saints Apôtres Pierre et Paul, à tous les Saints, et à vous, mon Père, de tous les péchés que j'ai commis en pensées, paroles et actions; par ma faute, par ma faute, par ma très-grande faute. C'est pourquoi je supplie la bienheureuse Marie, toujours Vierge, saint Jean-Baptiste, les saints Apôtres Pierre et Paul, tous les Saints, et vous, mon Père, de prier pour moi le Seigneur notre Dieu.

Le Prêtre prie pour les Assistants et pour lui-même.

Que le Dieu tout-puissant vous fasse miséricorde, et qu'après vous avoir pardonné vos péchés, il vous conduise à la vie éternelle.

℞. Ainsi soit-il.

Que le Seigneur tout-puissant et miséricordieux nous accorde le pardon, l'absolution et la rémission de nos péchés.

℞. Ainsi soit-il.

O Dieu! vous vous tournerez vers nous, et vous nous donnerez la vie.

℞. Et votre peuple se réjonira en vous.

Montrez-nous, Seigneur, votre miséricorde.

℞. Et donnez-nous votre salut.

Seigneur, écoutez ma prière.

℞. Et que mes cris s'élèvent jusqu'à vous.

Que le Seigneur soit avec vous,

℞. Et avec votre esprit

Le Prêtre, montant à l'Autel, dit :

PRIONS.

Seigneur, effacez, s'il vous plaît, nos péchés, afin que nous approchions du Saint des Saints avec une entière pureté de cœur. Par Jésus-Christ Notre Seigneur. Ainsi soit-il.

Le Prêtre, baisant l'Autel, dit :

Nous vous prions, Seigneur, par les mérites des Saints dont les reliques sont ici, et de tous les Saints, de daigner me pardonner mes péchés. Ainsi soit-il.

Le Prêtre, après l'Introït, dit trois fois :

Seigneur, ayez pitié de nous.   Seigneur, ayez pitié de nous.

℞. Christ, ayez pitié de nous.

Le Prêtre, étant au milieu de l'Autel, dit :

Gloire à Dieu dans le ciel, et paix sur la terre aux hommes de bonne volonté. Nous vous louons. Nous vous benissons. Nous vous adorons. Nous vous glorifions. Nous vous rendons grâces dans la vue de votre gloire infinie. O Seigneur Dieu ! Roi du Ciel , ô Dieu, Père tout-puissant ! Seigneur , Fils unique de Dieu, Jésus-Christ, Seigneur Dieu, Agneau de Dieu , Fils du Père. Vous qui effacez les péchés du monde, ayez pitié de nous :

vous qui effacez les péchés du monde, recevez notre prière. Vous qui êtes assis à la droite de Dieu, ayez pitié de nous. Car vous êtes le seul Saint : le seul Seigneur : le seul Très-Haut, ô Jésus-Christ ! avec le Saint-Esprit, en la gloire de Dieu le Père. Ainsi soit-il.

Le Prêtre , se tournant vers le Peuple, dit :

Que le Seigneur soit avec vous.   ℞. Et avec votre esprit.

Prières pendant les Oraisons.

Toute l'Église vous prie en corps, ô mon Dieu ! par la bouche du Prêtre ; je me joins à elle autant que je puis, pour vous demander tout ce qu'elle vous demande. Accordez-moi votre amour, le pardon de mes péchés, la charité pour mon prochain, et les vertus que je suis obligé de pratiquer dans mon état. Exaucez-moi, Seigneur, puisque nous vous demandons ces grâces par Jésus-Christ, etc.

Pendant l'Épître.

Seigneur, qui avez parlé aux hommes en diverses manières par les Prophètes et par les Apôtres, donnez-moi l'intelligence de votre sainte parole ; faites que je l'entende avec soumission, qu'elle pénètre mon cœur, qu'elle fasse tous mes désirs, et qu'elle soit la règle de mes mœurs

A la fin de l'Épître, on dit :

℞. Rendons grâces à Dieu.

Pendant le Graduel.

O Dieu ! qui donnez la lumière de votre Esprit à ceux qui sont dans l'égarement , afin qu'ils puissent retourner dans la voie de la justice , faites la grâce à ceux qui portent la qualité de Chrétiens , de rejeter tout ce qui est contraire à cet auguste nom, et de remplir parfaitement les devoirs de cette sainte profession.

Avant l'Évangile, le Prêtre dit :

Purifiez mon cœur et mes lèvres, ô Dieu tout-puissant ! qui avez purifié les lèvres du prophète Isaïe avec un charbon ardent ; qu'il vous plaise me purifier de telle sorte que je puisse annoncer dignement votre saint Évangile. Par Jésus-Christ Notre Seigneur.

Que le Seigneur soit dans mon cœur et sur mes lèvres, afin que j'annonce dignement son saint Évangile. Ainsi soit-il.

Que le Seigneur soit avec vous. ℟. Gloire vous soit rendue, ô Commencement *ou* suite du Seigneur ! saint Évangile selon saint *N.*

℟. Et avec votre esprit.

Pendant l'Évangile.

Quelle bouche assez pure, ô mon Dieu ! pour annoncer votre Évangile? quelles oreilles assez chastes pour l'écouter, quel cœur assez saint pour le recevoir, ô mon Dieu ! si votre grâce ne les prépare? Faites-moi vivre de la foi de l'Évangile de Jésus-Christ votre Fils; faites qu'après l'avoir reçu avec respect, je l'observe avec fidélité, et que j'en fasse la règle de ma conduite.

A la fin de l'Évangile, on répond :

℟. Louange à Dieu.

Le Prêtre, en baisant l'Évangile, dit :

Que nos péchés soient effacés par les paroles du saint Évangile !

Le Prêtre, étant au milieu de l'Autel, dit :

Je crois en un seul Dieu, Père tout-puissant, qui a fait le ciel et la terre, et toutes les choses visibles : Et en un seul Seigneur Jésus-Christ, Fils unique de Dieu, et né du Père avant tous les siècles; Dieu de Dieu, lumière de lumière, vrai Dieu de vrai Dieu; qui n'a pas été fait, mais engendré, consubstantiel au Père, par qui tout a été fait; qui est descendu des cieux pour nous autres hommes et pour notre salut; qui s'est incarné en prenant un corps dans le sein de la Vierge Marie, par l'o-peration du Saint-Esprit; qui s'EST FAIT HOMME; qui a été crucifié pour nous sous Ponce Pilate; qui a souffert, et qui a été mis au tombeau; qui est ressuscité le troisième jour, selon les Écritures; qui est monté au ciel, où il est assis à la droite du Père; qui viendra de nouveau plein de gloire pour juger les vivants et les morts, et dont le règne n'aura point de fin. Je crois au Saint-Esprit, qui est aussi Seigneur, et qui donne la vie; qui procède du Père et du Fils; qui est adoré et glorifié conjointement avec le Père et le Fils ; qui a parlé par les Prophètes. Je crois l'Église, qui est Une, Sainte, Catholique et Apostolique. Je confesse un Baptême pour la rémission des péchés. J'attends la résurrection des morts, et la vie du siècle à venir. Ainsi soit-il.

Le Seigneur soit avec vous,

℞. Et avec votre esprit.

A l'Offertoire.

Ce ne sont pas des holocaustes qui vous sont agréables, Seigneur ; le sacrifice que vous demandez est un esprit brisé de douleur. Vous ne rejetez pas un cœur contrit et humilié.

Oblation de l'Hostie.

Recevez, ô Père saint, Dieu tout-puissant et éternel, cette Hostie sans tache que je vous offre, tout indigne que je suis de ce ministère, comme à mon Dieu vivant et véritable, pour mes péchés, mes offenses et mes négligences, qui sont sans nombre, et pour tous les assistants ; je vous l'offre aussi pour tous les fidèles Chrétiens vivants et morts, afin qu'elle soit pour eux et pour moi un gage du salut éternel.

Le Prêtre met le vin et l'eau dans le Calice.

O Dieu ! qui, par un effet admirable de votre toute-puissance, avez créé l'homme dans un si noble état, et qui l'avez rétabli dans sa dignité par une plus grande merveille, faites-nous la grâce, par le mystère de cette eau et de ce vin, d'avoir un jour part à la divinité de celui qui a daigné se revêtir de notre humanité, Jésus-Christ votre Fils. Qui, étant Dieu, etc.

Le Prêtre, offrant le Calice, dit :

Seigneur, nous vous offrons le Calice du salut, suppliant votre bonté de le faire monter en odeur de suavité, en présence de votre divine Majesté, pour notre salut et celui de tout le monde. Ainsi soit-il.

S'inclinant, il dit :

Nous nous présentons devant vous, Seigneur, avec un esprit humilié et un cœur contrit ; recevez-nous, et faites que notre sacrifice s'accomplisse aujourd'hui devant vous d'une manière qui vous le rende agréable, ô Seigneur notre Dieu ! Venez, Sanctificateur tout-puissant,

Dieu éternel, et bénissez ce sacrifice préparé pour la gloire de votre saint nom.

Le Prêtre lave ses doigts.

Je laverai mes mains avec les justes, et je m'approcherai de votre autel, Seigneur, afin d'entendre publier vos louanges, et de raconter toutes vos merveilles. Seigneur, j'ai aimé la beauté de votre maison, et le lieu où réside votre gloire. O Dieu! ne perdez pas mon âme avec les impies, et ma vie avec les hommes de sang, qui ont les mains remplies d'injustices, et la droite pleine de présents. Pour moi, j'ai marché dans l'innocence; délivrez-moi, et ayez pitié de moi: mon pied est demeuré ferme dans la voie droite; je vous bénirai, Seigneur, dans les assemblées. Gloire soit au Père.

Le Prêtre s'incline, et dit :

Recevez, ô Trinité sainte! cette oblation que nous vous offrons en mémoire de la Passion, de la Résurrection et de l'Ascension de Jésus-Christ Notre Seigneur, et en l'honneur de la bienheureuse Marie toujours Vierge, de saint Jean-Baptiste, des Apôtres saint Pierre et saint Paul, de ceux-ci et de tous les autres Saints; afin qu'elle soit à leur honneur et pour notre salut; et aussi afin qu'ils daignent dans les cieux intercéder pour nous, qui renouvelons leur mémoire sur la terre. Par le même Jésus-Christ Notre Seigneur Ainsi soit-il.

Le Prêtre baise l'autel, et dit : Orate, fratres.

Priez, mes frères, afin que mon sacrifice, qui est aussi le vôtre, soit agréable à Dieu le Père tout-puissant.

℟. Que le Seigneur reçoive de vos mains ce sacrifice pour l'honneur et la gloire de son nom, pour notre utilité particulière, et pour le bien de toute son Église sainte.

Le Prêtre dit tout bas : Ainsi soit-il; ensuite la Secrète; puis il dit :

Dans tous les siècles des siècles.
℟. Ainsi soit-il.
Que le Seigneur soit avec vous.
℟. Et avec votre esprit.
Élevez vos cœurs.
℟. Nous les tenons élevés vers le Seigneur.
Rendons grâces au Seigneur notre Dieu
℟. Il est bien juste et raisonnable.
Véritablement il est juste et

raisonnable ; il est équitable et salutaire de vous rendre grâces en tout temps et en tous lieux, ô Seigneur, Père saint, Dieu tout-puissant et éternel ; c'est par J. C. N. S. que les Anges louent votre Majesté, que les Dominations l'adorent, que les Puissances la craignent et la révèrent, et que les Cieux et les Vertus des Cieux, et les bienheureux Séraphins, célèbrent ensemble votre gloire avec des transports de joie. Nous vous prions de recevoir nos voix, que nous unissons avec les leurs, en vous disant par une humble confession :

Saint, Saint, Saint est le Seigneur, le Dieu des armées. Votre gloire remplit le ciel et la terre. Hosanna, salut et gloire au plus haut des cieux !

Béni soit celui qui vient au nom du Seigneur. Hosanna, salut et gloire au plus haut des cieux !

Le Prêtre s'incline, en disant :

Nous vous supplions donc, Père très-miséricordieux, et nous vous demandons par Jésus-Christ Notre Seigneur votre Fils, d'agréer et de bénir ces dons, ces présents, ce saint sacrifice sans tache que nous vous offrons pour votre sainte Église Catholique, afin qu'il vous plaise de lui donner la paix, de la garder, de la maintenir dans l'union, et de la gouverner par toute la terre, avec N. notre Pape votre serviteur, N. notre Prélat, N. notre Roi, et tous les orthodoxes et observateurs de la Foi Catholique et Apostolique.

Mémoire des Vivants.

Souvenez-vous, Seigneur, de vos serviteurs et de vos servantes N. N., et de tous ceux qui assistent à ce sacrifice, dont vous connaissez la foi et la piété ; pour qui nous vous offrons ou qui vous offrent ce sacrifice de louanges pour eux-mêmes et pour tous ceux qui leur appartiennent, pour la rédemption de leurs âmes, pour l'espérance de leur salut et de leur conservation, et qui rendent leurs vœux à vous, qui êtes le Dieu éternel, vivant et véritable.

Participant à une même Communion ; et honorant la mémoire en premier lieu de la glorieuse Vierge Marie, mère de Jésus-Christ notre Dieu, et Notre Seigneur, de vos bienheureux Apôtres et Martyrs, Pierre et Paul, André, Jacques, Jean, Thomas, Jacques, Philippe, Barthélemi, Matthieu, Simon et Thadée, Lin, Clet, Clément, Xiste, Corneille, Cyprien, Laurent, Chrysogone, Jean et Paul, Côme et Damien, et de tous vos Saints, aux mérites et prières desquels accordez, s'il vous plaît, qu'en toutes choses nous soyons munis du secours de votre protection. Par Notre Seigneur Jésus-Christ. Ainsi soit-il.

Nous vous prions donc, Seigneur, de recevoir favorablement cette offrande de notre servitude, qui est aussi celle de toute votre famille ; de nous faire jouir de votre paix pendant nos jours, et de faire qu'étant préservés de la damnation éternelle, nous soyons comptés au nombre de vos élus. Par Jésus-Christ Notre Seigneur. Ainsi soit-il.

Nous vous prions, ô Dieu ! qu'il vous plaise de faire qu'en toutes choses cette oblation soit bénie, approuvée, rendue valable, raisonnable, agréable ; en sorte qu'elle devienne pour nous le Corps et le Sang de Jésus-Christ votre très-cher Fils Notre Seigneur, qui, la veille de sa Passion, prit du pain entre ses mains saintes et vénérables, et levant les yeux au ciel vers vous, Dieu son Père tout-puissant, vous rendant grâces, le bénit, le rompit, et le donna à ses Disciples, leur disant : Prenez et mangez tous de ceci : CAR CECI EST MON CORPS. Semblablement après qu'il eut soupé, prenant aussi cet excellent calice entre ses mains saintes et vénérables, et vous rendant pareillement grâces, il le bénit, et le donna à ses Disciples, disant : Prenez et buvez-en tous : CAR CECI EST LE CALICE DE MON SANG, DU NOUVEAU ET ÉTERNEL TESTAMENT (MYSTÈRE DE FOI), QUI SERA RÉPANDU POUR VOUS ET POUR PLUSIEURS, POUR LA RÉMISSION DES PÉCHÉS. Toutes les fois que vous ferez ces choses, faites-les en mémoire de moi.

Prière pendant la Consécration.

N'était-ce pas assez, divin Sauveur, que vous vous fussiez immolé sur la croix pour le salut des hommes? Fallait-il encore que votre sacrifice fût renouvelé tous les jours dans votre Église ? O abîme de miséricorde ! ô charité ingénieuse qui vous a fait choisir ce moyen ineffable pour converser avec nous jusqu'à la fin des siècles ! Je vous adore de tout mon cœur ; je reconnais, mon Dieu, votre Majesté cachée sous ces symboles qui frappent mes sens. Hostie sainte, soyez-moi un pain d'immortalité, et un calice du salut éternel

Pendant l'Élévation.

C'est pour cela que nous, qui sommes vos serviteurs, et avec nous votre peuple saint, faisant mémoire de la Passion de votre même Fils Jésus-Christ Notre Seigneur, de sa Résurrection en sortant du tombeau, victorieux de l'enfer, et de son Ascension glorieuse au ciel, nous offrons à votre incomparable Majesté les dons que vous nous avez faits, l'Hostie pure, l'Hostie sainte, l'Hostie sans tache, le Pain sacré de la vie immortelle, et le Calice du salut éternel;

Sur lesquels il vous plaise de jeter un regard doux et favorable, et de les avoir pour agréables, comme il vous a plu d'agréer les dons du juste Abel votre serviteur, et le sacrifice d'Abraham votre Patriarche, et le sacrifice saint, et l'Hostie sans tache que vous a offerte votre grand prêtre Melchisédech.

Nous vous supplions, ô Dieu tout-puissant! de commander que ces dons soient portés à votre autel sublime, en présence de votre divine Majesté, par les mains de votre saint Ange; afin qu tous tant que nous sommes ici, qui, participant à cet autel, aurons reçu le saint et sacré Corps et Sang de votre Fils, nous soyons remplis de toutes les bénédictions et grâces célestes. Par le même Jésus-Christ Notre Seigneur. Ainsi soit-il.

Mémoire des Morts.

Souvenez-vous aussi, Seigneur, de vos serviteurs et de vos servantes N. N. qui nous ont précédés avec le signe de la Foi, et qui dorment du sommeil de paix. Nous vous supplions, Seigneur, de leur donner, et à tous ceux qui reposent en Jésus-Christ, un lieu de rafraîchissements, de lumière et de paix. Par le même Jésus-Christ Notre Seigneur. Ainsi soit-il.

Le Prêtre, frappant sa poitrine, dit:

Pour nous, pécheurs, vos serviteurs, qui espérons en votre grande miséricorde, daignez nous donner part et société avec vos saints Apôtres et Martyrs, avec Jean, Étienne, Matthias, Barnabé, Ignace, Alexandre, Marcellin, Pierre, Félicité, Perpétue, Agathe, Luce, Agnès, Cécile, Anastasie, et avec tous vos Saints, dans la compagnie desquels nous vous prions de nous recevoir, non en considérant nos mérites, mais en nous faisant grâce. Par Jésus-Christ Notre Seigneur.

Par lequel vous produisez toujours, Seigneur, vous sanctifiez, vous vivifiez, vous bénissez, et vous nous donnez tous ces biens; que par lui, avec lui, et en lui, tout honneur et toute gloire vous soient rendus, ô Dieu! Père tout-puissant, en l'unité du Saint-Esprit.

Par tous les siècles des siècles.   ℟. Ainsi soit-il.

PRIONS.

Avertis par les commandements salutaires de Jésus-Christ, et suivant la règle divine qu'il nous a donnée, nous osons dire :

Notre Père, qui êtes dans les cieux, que votre nom soit sanctifié ; que votre règne arrive ; que votre volonté soit faite en la terre comme au ciel. Donnez-nous aujourd'hui notre pain de chaque jour ; et pardonnez-nous nos offenses, comme nous pardonnons à ceux qui nous ont offensés ; et ne nous laissez point succomber à la tentation.

℟. Mais délivrez-nous du mal. Ainsi soit-il.

Délivrez-nous, Seigneur, s'il vous plaît, de tous les maux passés, présents et à venir ; et donnez-nous, par votre bonté, la paix en nos jours, par l'intercession de la bienheureuse Marie toujours Vierge, mère de Dieu, et de vos bienheureux Apôtres Pierre et Paul, et André, et de tous les Saints ; afin qu'étant assistés du secours de votre miséricorde, nous soyons toujours affranchis de l'esclavage du péché, et de toute crainte d'aucun trouble. Par le même Notre Seigneur Jésus-Christ votre Fils, qui, étant Dieu, vit et règne avec vous, en l'unité du Saint-Esprit.

Par tous les siècles des siècles. ℟. Ainsi soit-il.

Que la paix du Seigneur soit toujours avec vous. ℟. Et avec votre esprit.

Le Prêtre mêle dans le Calice une petite partie de l'Hostie qu'il a rompue en trois, et dit :

Que ce mélange et cette consécration du Corps et du Sang de Notre Seigneur Jésus-Christ, que nous allons recevoir, nous procurent la vie éternelle.

Agneau de Dieu qui effacez les péchés du monde, ayez pitié de nous.

Agneau de Dieu, qui effacez les péchés du monde, ayez pitié de nous.

Agneau de Dieu, qui effacez les péchés du monde, donnez-nous la paix.

Aux Messes des Morts, au lieu de *Miserere nobis,* on dit : *Dona eis requiem.* Donnez le repos aux fidèles trépassés. Et au lieu de *Dona nobis pacem,* on dit : *Dona eis requiem sempiternam.* Donnez-leur le repos éternel.

Seigneur Jésus-Christ, qui avez dit à vos Apôtres : Je vous laisse ma paix, je vous donne ma paix, n'ayez point égard à mes péchés, mais à la foi de votre Église, et donnez-lui la paix et l'union que vous désirez qu'elle ait. Vous qui, étant Dieu, vivez et régnez, etc. Ainsi soit-il.

Aux Messes des Morts, on ne dit point l'Oraison précédente.

Seigneur Jésus-Christ, Fils du Dieu vivant, qui, par la volonté du Père et la coopération du Saint-Esprit, avez donné par votre mort la vie au monde, délivrez-moi, par votre saint et sacré Corps et Sang ici présents, de tous mes péchés et de tous mes autres maux ; faites que je demeure toujours attaché à vos commandements, et ne permettez pas que je me sépare jamais de vous : qui, étant Dieu, vivez et régnez avec le Père et le Saint-Esprit, dans tous les siècles des siècles. Ainsi soit-il.

Seigneur Jésus-Christ, que la participation de votre Corps, que j'ose recevoir, tout indigne que j'en suis, ne tourne point à mon jugement et à ma condamnation ; mais que par votre bonté elle serve à la défense de mon âme et de mon corps, et qu'elle soit de tous mes maux le remède salutaire. Vous qui, étant Dieu, vivez et régnez avec Dieu votre Père, en l'unité du Saint-Esprit, etc. Ainsi soit-il.

Le Prêtre, après avoir adoré la sainte Hostie, la prend entre ses mains, disant :

Je prendrai le pain céleste, et j'invoquerai le nom du Seigneur.

Le Prêtre, avant de communier, dit trois fois :

Seigneur, je ne suis pas digne que vous entriez dans ma maison; mais dites seulement une parole, et mon âme sera guérie.

Après l'avoir répété trois fois, il dit :

Que le Corps de Notre Seigneur Jésus-Christ garde mon âme pour la vie éternelle. Ainsi soit-il.

Le Prêtre, ayant reçu le Corps de Notre Seigneur, prend le Calice, et dit :

Que rendrai-je au Seigneur pour tous les biens qu'il m'a faits ? Je prendrai le Calice du salut, et j'invoquerai le nom du Seigneur. J'invoquerai le Seigneur en chantant ses louanges, et je serai délivré de mes ennemis.

Le Prêtre fait le signe de la Croix avec le Calice, et dit :

Que le Sang de Notre Seigneur Jésus-Christ garde mon âme pour la vie éternelle. Ainsi soit-il.

A la première Ablution.

Faites, Seigneur, que nous recevions dans un cœur pur le Sacrement que notre bouche a reçu, et que le don qui nous a été fait dans le temps nous soit un remède pour l'éternité.

A la seconde Ablution.

Que votre Corps que j'ai reçu, ô Seigneur ! et que votre Sang que j'ai bu, s'attachent à mes entrailles ; et faites qu'après avoir été nourri par des sacrements si purs et si saints, il ne demeure en moi aucune souillure du péché : accordez-moi cette grâce, Seigneur, qui vivez et régnez dans tous les siècles des siècles. Ainsi soit-il.

Si l'on n'a pas le bonheur de communier :

Que je participe, du moins spirituellement, ô mon Dieu ! à la réception de votre Corps ; laissez-moi, comme la Cananéenne, ramasser quelques miettes de votre sainte Table, afin que je sois guéri de mes infirmités.

Le Prêtre, se tournant vers le peuple, dit :

Que le Seigneur soit avec vous,   ℟. Et avec votre esprit.

Après la Postcommunion, il dit :

Que le Seigneur soit avec vous,   Allez, la messe est dite.
℟. Et avec votre esprit.

Ou bien :

Bénissons le Seigneur.   ℟. Rendons grâces à Dieu.

Aux Messes des Morts, on dit :

Qu'ils reposent en paix.   ℟. Ainsi soit-il.

Recevez favorablement, ô Trinité sainte ! l'hommage et l'aveu de

ma parfaite dépendance ; ayez pour agréable le sacrifice que j'ai offert
à votre Majesté, tout indigne que j'en suis ; faites qu'il soit un sacrifice
de propitiation pour moi, et pour tous ceux pour qui je l'ai offert.
Par Jésus-Christ Notre Seigneur. Ainsi soit-il.

Le Prêtre, se tournant vers le Peuple, dit :

Que Dieu tout-puissant, le Père,
le Fils, et le Saint-Esprit vous bénisse.

℟. Ainsi soit-il.

Que le Seigneur soit avec vous,

℟. Et avec votre esprit.

Commencement du saint Évangile selon saint Jean.

℟. Gloire vous soit rendue, ô
Seigneur !

Évangile selon saint Jean.

Au commencement était le Verbe, et le Verbe était avec Dieu, et
le Verbe était Dieu. Il était au commencement avec Dieu. Toutes choses ont été faites par lui, et rien de ce qui a été fait n'a été fait sans
lui. Dans lui était la vie, et la vie était la lumière des hommes ; et la
lumière luit dans les ténèbres, et les ténèbres ne l'ont point comprise.
Il y eut un homme envoyé de Dieu, qui s'appelait Jean. Il vint pour
rendre témoignage à la lumière, afin que tous crussent par lui. Il n'é-
tait pas la lumière ; mais il est venu pour rendre témoignage à celui
qui était la lumière. La lumière véritable était celle qui éclaire tout
homme venant en ce monde. Il était dans le monde, et le monde a été
fait par lui, et le monde ne l'a point connu. Il est venu chez soi, et
les siens ne l'ont point reçu. Mais il a donné le pouvoir d'être faits enfants de Dieu à tous ceux qui l'ont reçu, et à ceux qui croient en son
nom, qui ne sont pas nés du sang ni des désirs de la chair, ni de la
volonté de l'homme, mais de Dieu même. ET LE VERBE A ÉTÉ FAIT
CHAIR ; et il a habité parmi nous ; et nous avons vu sa gloire, qui est
la gloire du Fils unique du Père, plein de grâce et de vérité.

℟. Rendons grâces à Dieu.

PRIÈRE APRÈS LA MESSE.

Je vous remercie, ô mon Dieu ! de la grâce que vous m'avez faite en
me permettant d'assister aujourd'hui au saint Sacrifice de la Messe ;
j'en étais indigne, et vous ne m'avez pas chassé de votre salle, quoique je n'eusse pas la robe nuptiale de la sainteté et de l'innocence. Je
vous demande pardon de la dissipation où j'ai laissé aller mon esprit,

et de la froideur que j'ai sentie dans mon cœur au temps que je devais être tout occupé de vous, tout enflammé de votre amour. Je vous remercie de la bénédiction que vous nous avez donnée ; j'irai avec confiance aux occupations où je crois que votre volonté m'appelle.

Je me souviendrai pendant toute la journée de cette grâce, et je tâcherai de ne laisser échapper aucune parole ni aucune action, de ne former aucun désir ni aucune pensée qui me rendent indigne de votre bénédiction , et qui me fassent perdre le souvenir de vos saints Mystères.

Très-sainte et adorable Trinité , Père, Fils et Saint-Esprit, j'ai commencé par vous adorer, je finis en vous rendant de nouveau mes hommages. Je vous remercie de la grâce que vous m'avez faite, d'entendre aujourd'hui la sainte Messe. Je souhaiterais pouvoir toujours demeurer dans votre saint Temple, pour vous y adorer ; mais puisque les devoirs auxquels je suis engagé par votre divine providence m'obligent à le quitter, je vais retourner à mes occupations : conduisez-moi dans toutes mes démarches, délivrez-moi de tous les dangers où je me trouverai pendant ce jour , et que les effets de votre sainte Bénédiction demeurent éternellement sur moi. Ainsi soit-il

LES VÊPRES.

———

Deus, in adjutorium meum intende.

Domine, ad adjuvandum me festina.

Gloria Patri, et Filio, et Spiritui sancto.

Sicut erat in principio, et nunc et semper, et in sæcula sæculorum. Amen.

PSAUME 109.

Ce psaume se rapporte à Jésus-Christ : le prophète David y prédit sa génération éternelle, son sacerdoce selon l'ordre de Melchisedech, ses souffrances, et la gloire dont elles doivent être suivies.

Dixit Dominus Domino meo : Sede a dextris meis,

Donec ponam inimicos tuos scabellum pedum tuorum.

Virgam virtutis tuæ emittet Dominus ex Sion : dominare in medio inimicorum tuorum.

Tecum principium in die virtutis tuæ in splendoribus Sanctorum : ex utero ante luciferum genui te.

Juravit Dominus, et non pœnitebit eum : tu es sacerdos in æternum secundum ordinem Melchisedech.

Dominus a dextris tuis : confregit in die iræ suæ reges.

Judicabit in nationibus, implebit ruinas : conquassabit capita in terra multorum.

De torrente in via bibet : propterea exaltabit caput

Gloria Patri, etc.

PSAUME 112.

Le prophète David, dans ce psaume, exhorte les enfants de Dieu à célébrer dans leurs cantiques sa grandeur, sa puissance et sa bonté.

Laudate, pueri, Dominum; laudate nomen Domini.

Sit nomen Domini benedictum, ex hoc nunc et usque in sæculum.

A solis ortu usque ad occasum, laudabile nomen Domini.

Excelsus super omnes gentes Dominus, et super cœlos gloria ejus.

Quis sicut Dominus Deus noster, qui in altis habitat, et humilia respicit in cœlo et in terra?

Suscitans a terra inopem, et de stercore erigens pauperem,

Ut collocet eum cum principibus, cum principibus populi sui;

Qui habitare facit sterilem in domo, matrem filiorum lætantem.

Gloria Patri, etc.

PSAUME 116

Le prophète David, dans ce psaume, exhorte toutes les nations à bénir Dieu de sa miséricorde et de sa fidélité dans ses promesses.

Laudate Dominum, omnes gentes; laudate eum, omnes populi.

Quoniam confirmata est super nos misericordia ejus: et veritas Domini manet in æternum.

Gloria Patri, etc.

Pour tous les dimanches de l'année.

CAPITULUM.

Benedictus Deus, et Pater Domini nostri Jesu Christi, qui benedixit nos in omni benedictione spirituali, in cœlestibus in Christo, sicut elegit nos in ipso ante mundi constitutionem, ut essemus sancti et immaculati in conspectu ejus in caritate.

℞. Deo gratias.

HYMNES

Pour les fêtes de la sainte Vierge et les dimanches de l'année.

Monstra te esse matrem,
Sumat per te preces

Qui pro nobis natus
Tulit esse tuus.

Pour la fête de la Toussaint.

Fons sanctitatis, o Deus!
Æterna sanctorum quies,
Te laudet omnis spiritus,

Nunc et per omne sæculum
Amen.

Pour l'Avent.

Rorate, cœli, desuper,
Justumque fœcundo sinu

Complexa tellus perdito
Orbi salutem germinet.

Pour le temps de Noël.

Qui natus es de Virgine,
Jesu, tibi sit gloria,

Cum Patre cumque Spiritu,
In sempiterna sæcula.

Pour le Carême.

Audi, benigne conditor,
Nostras preces cum fletibus,

In hoc sacro jejunio
Fusas quadragenario.

Pour le temps de la Passion.

O Crux, ave, spes unica,
Hoc passionis tempore,

Auge piis justitiam ;
Reisque dona veniam.

Pour le temps de Pâques et de l'Ascension.

Da, Christe, nos tecum mori,
Tecum simul da surgere,

Terrena da contemnere,
Amare da cœlestia. Amen.

CANTIQUE DE LA SAINTE VIERGE.

Dans ce cantique, la sainte Vierge célèbre les miséricordes du Seigneur et les faveurs singulières dont Dieu l'a comblée en la choisissant pour être la mère de son Fils.

Magnificat anima mea Dominum;
Et exultavit spiritus meus in Deo salutari meo :
Quia respexit humilitatem ancillæ suæ ; ecce enim ex hoc beatam me dicent omnes generationes,
Quia fecit mihi magna qui potens est : et sanctum nomen ejus;
Et misericordia ejus a progenie in progenies timentibus eum
Fecit potentiam in brachio suo; dispersit superbos mente cordis sui.

Deposuit potentes de sede, et exaltavit humiles.
Esurientes implevit bonis, et divites dimisit inanes.
Suscepit Israel puerum suum, recordatus misericordiæ suæ,
Sicut locutus est ad patres nostros, Abraham et semini ejus in sæcula.
Gloria Patri, etc.
℣. Dominus vobiscum,
℟. Et cum spiritu tuo.

ORAISONS pour les dimanches de l'année.

OREMUS.
Deus, refugium nostrum et virtus, adesto piis Ecclesiæ tuæ precibus, auctor ipse pietatis, et

præsta ut quod fideliter petimus, efficaciter consequamur. Per Dominum nostrum Jesum Christum.
Amen

12

Pour les fêtes de la sainte Vierge.

ORENUS.

Concede, misericors Deus, fragilitati nostræ præsidium, ut, qui sanctæ Dei Genitricis memoriam agimus, intercessionis ejus auxilio a nostris iniquitatibus resurgamus ; per eumdem, etc. Amen.

Pour la Toussaint.

ORENUS.

Omnipotens sempiterne Deus, qui nos omnium Sanctorum tuorum merita sub una tribuis celebritate venerari ; quæsumus ut desideratam nobis tuæ propitiationis abundantiam, multiplicatis intercessoribus largiaris ; per Dominum nostrum Jesum Christum, etc.

ORAISONS pour l'Avent.

ORENUS.

Excita, quæsumus, Domine, potentiam tuam, et veni ; ut ab imminentibus peccatorum nostrorum periculis te mereamur protegente eripi, te liberante salvari, qui vivis et regnas cum Deo patre, in unitate Spiritus sancti, Deus, per omnia, etc. Amen.

Pour le temps de Noël.

ORENUS.

Concede, quæsumus, omnipotens Deus, ut nos Unigeniti tui nova per carnem nativitas liberet, quos sub peccati jugo vetusta servitus tenet ; per eumdem, etc. Amen.

Pour le Carême.

ORENUS.

Deus, qui Ecclesiam tuam annua quadragesimali observatione purificas, præsta familiæ tuæ ut quod a te obtinere abstinendo nititur, hoc bonis operibus exsequatur ; per Dominum, etc. Amen.

Pour le temps de la Passion.

ORENUS.

Deus, qui per Unigenitum tuum passum et humiliatum usque ad mortem antiqui hostis contrivisti superbiam : da fidelibus tuis, et quæ ipse propter nos pertulit digne recolere, et adversa omnia ejus exemplo patienter tolerare, qui vivit, etc. Amen.

Pour le temps Pascal.

ORENUS.

Deus, qui per Unigenitum tuum æternitatis nobis aditum devicta morte reserasti, vota nostra, quæ præveniendo aspiras, etiam adjuvando prosequere ; per eumdem, etc. Amen.

Pour le temps de l'Ascension.

OREMUS.

Concede, quæsumus, omnipotens Deus, ut qui Unigenitum tuum Redemptorem nostrum ad cœlos ascendisse credimus, ipsi quoque mente in cœlestibus habitemus ; per eumdem, etc. Amen.

℣. Dominus vobiscum,
℟. Et cum spiritu tuo.
℣. Benedicamus Domino.
℟. Deo gratias.
℣. Fidelium animæ per misericordiam Dei requiescant in pace.
℟. Amen.

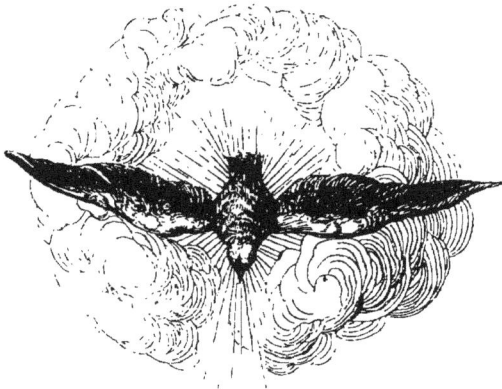

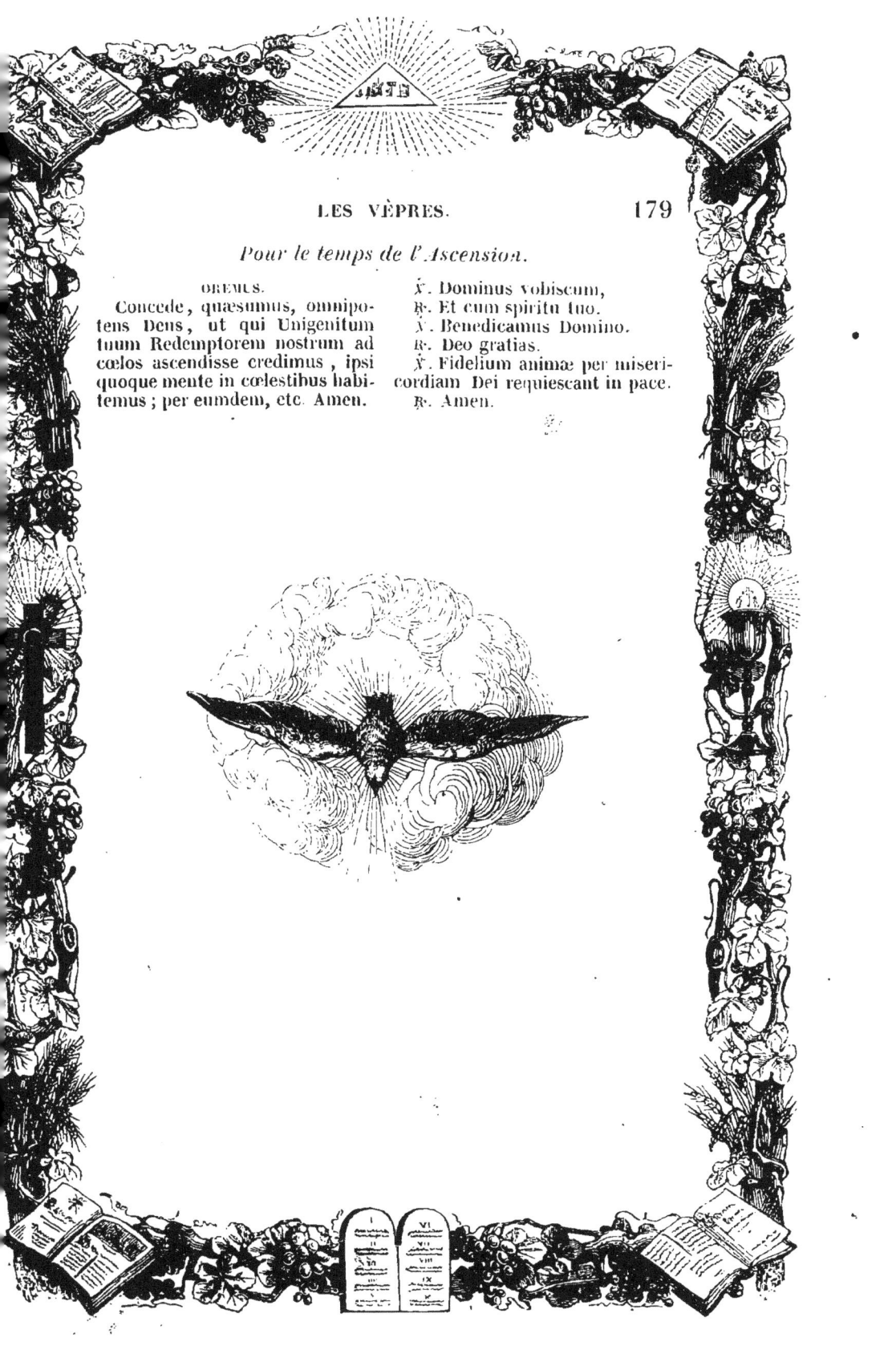